事故物件サイト・
大島てるの

絶対に借りてはいけない物件

はじめに

あなたは、今住んでいる物件について「選ぶときに失敗した」「早く引っ越したい」と不満に思ったことはないだろうか。

不動産は、買う、借りるに関わらず、誰にとっても大きな買い物だ。契約時には最低でも数十万円が必要だし、家賃や維持費などで毎月お金が出ていってしまう。それだけに誰しもおいそれとは引越できないもの。多い人でも生涯に10回ほど、ふつうの人ならせいぜい5回程度だろう。それだけ、めったにないことで、かつ大金が動くにも関わらず、私たちが物件の取捨選択をする際に役立つ情報はあまりにも少ないのが現状だ。インターネットのおかげで、物件自体の情報は山のように手に入るようになったが、それを吟味するための情報はほとんど開示されていない。それゆえ、ほとんどの人が不動産屋の営業マンに勧められるがままに物件を決めてしまいがちだ。それが、物件選びに失敗する最大の原因なのだ。

誰が見ても優良な物件は、もちろん家賃も価格も高いのだが、それでも買い手や借り手はつくもの。しかし、現在の日本は物件が余っており、人気のない物件、つまり何らかの問題を抱えた物件は、不動産業者があの手この手を使って、貸したい、売りたいと思っているはずである。そんな状況下にあって、不動産に関する知識を何も持たずに良い物件を選べるはずがない。

こうした何らかの問題を抱えた物件は「事故物件」と呼ばれる。本書を手に取った方の多くは、事故物件公示サイト「大島てる」についてご存じだろう。「大島てる」は過去に事件や事故によって人が亡くなった物件を閲覧できるサイトだが、人が亡くなっていないにせよ、たいていの物件には何らかの瑕疵《かし》（欠点）があるものだ。「駅から徒歩3分」のはずが、信号と階段のせいで実際には10分以上かかったり、近くに暴力団の事務所や風俗店街があることに全く触れていなかったり、建物自体に問題はなくても、モンスター大家がものすごい干渉をしてきたり…。

物件選びで後悔をしないためには、何よりもこうした事故物件を避けなければならない。しかし、相手は百戦錬磨の不動産業者である。あらゆる手を駆使して事故物件に潜む問題を隠そうとしてくる。では、私たちはどうやって物件を見極めればいいのだろう。

本書では、「大島てる」の協力のもと、事故物件の具体例や、それを隠蔽しようとする不動産業者の手口を紹介するとともに、問題のある物件を自分で見極められるようにするための物件選びのポイントを紹介している。

少しでも知識があれば、自身で判断できることでも、知識がないためにそれができず、物件選び探しに失敗するケースは跡を絶たない。皆さんが物件選びで後悔しないために、悪徳な不動産業者が不正に得をすることがないように、本書の情報を有効活用されることを望む。

CONTENTS

第3章 欠陥だらけの建物

第1章

あなたの周りは事故物件だらけ！

――本当にあったこんな事故物件――

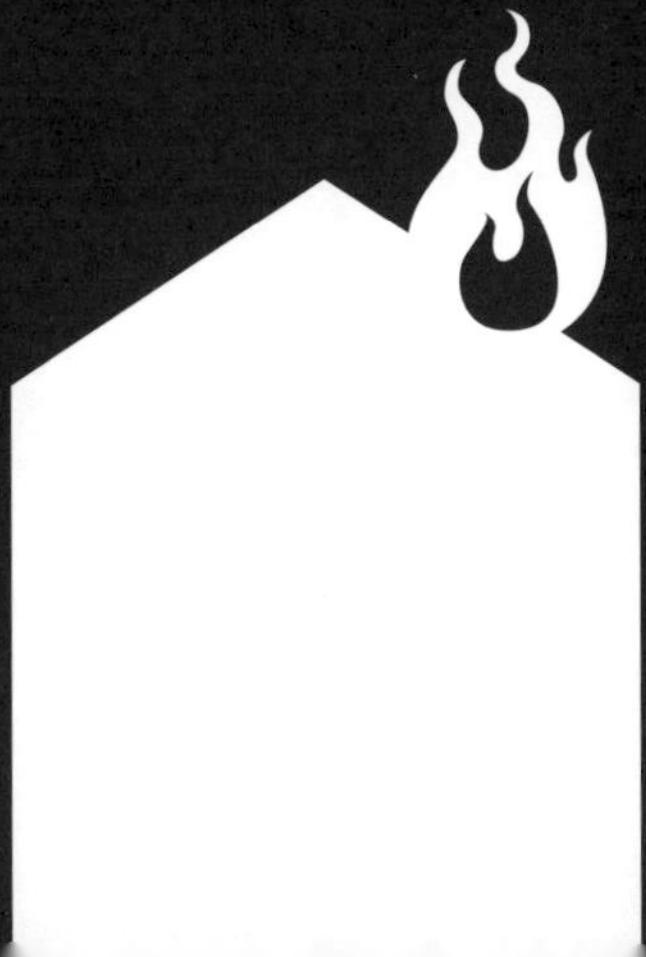

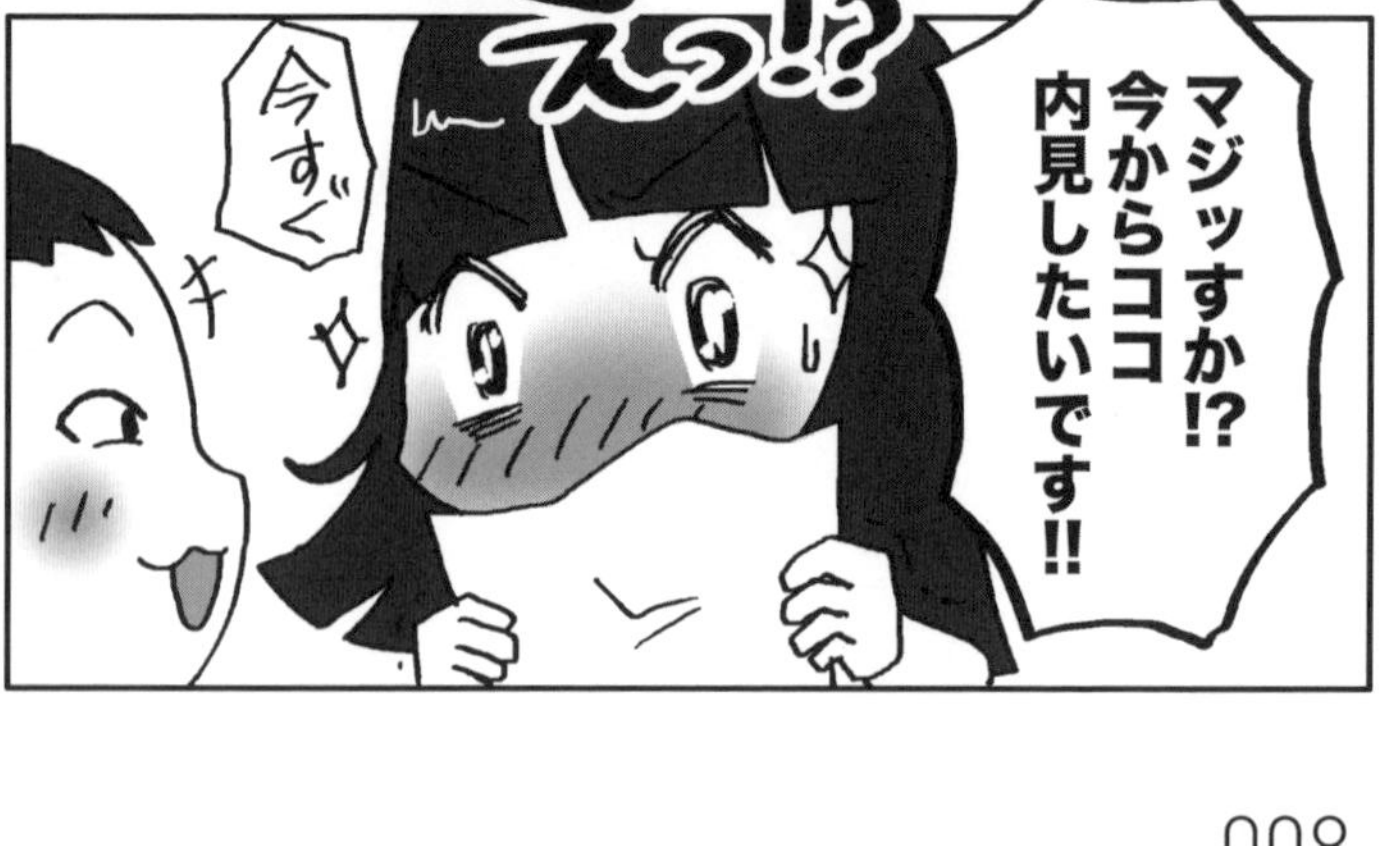

何の準備もなしに入った不動産屋で、奇跡的な良物件を見つけたミサ…しかし、彼女はここで大きな見落としをしていた。

へ～、けっこうキレイですね
コンロ2口だ!!
キョロ
キョロ
さて、こっちの部屋は－…と
ガチャ
へ～、この部屋もなかなか広くてイイカンジ…
…って、このシミは～!? 何なの
ヒィィッ
しれっ
前の住人の方の自殺の跡です
だと思った!!
ドロ
ドロ
ドロ
やだなぁ、「告知事項有り」って書いてあったでしょ？
よく分かってませんでした…また来ます
またどうぞ～
ふんわり不動産
フラ…
怖かった…

その夜
へー…
前の住人が亡くなった部屋を「事故物件」っていうんだ…
大島てる
事故物件が探せるサイトなんてあるんだ…!
印刷しとこ…
前回の反省をふまえ、事故物件の情報を持って不動産屋へ
告知事項無し!事故物件ではなさそうね。
じーっ
この物件見に行きます!!
てるメモ
駅近だし悪くないかも
キョロ…
ずーー…ん
って、え〜〜〜!ゴミ置き場の様子がおかしい
黒っ
もえるゴミ
○○市
気づきました?実は半年前に放火されてまして〜
次の物件行くよ!

では2件目の内見を…
ちょっと待て
このドア！なんで2つも鍵が付いてるわけ!?
ぜったい何かあったでしょ!?
実は…過去に空き巣被害にあってまして〜
げへへ…
やっぱり！きちんと教えなさいよ！
告知義務があるんでしょ!?
訴えるぞ
事故物件とは違って、こういうのは告知義務無いんで…
いそいそ…
じゃあ失礼しま〜す…
今日はすごい疲れたけど、もう少し部屋探ししてみるか！
夢の新居に向かって…
こうしてミサの部屋探しがはじまりました。

「事故物件」は急増している！

そもそも事故物件とは何か？

何らかの問題を抱えた不動産――「事故物件」。

もともと不動産関係者で使用されていた業界用語だが、近年では一般にも広く知られるようになっている。

この「事故物件」が一般に知られるようになったのには、本書にも協力してくれた事故物件公示サイト「大島てる」（http://www.oshimaland.co.jp/）の存在が大きい。

「大島てる」は、過去に殺人事件や火災による死亡事故などの歴史的事実があった物件を、地図上に集積して一般に提供しているサイト。誰でも無料で閲覧でき、事故物件の住所や部屋番号はもちろんのこと、判明しているものについてはその死因まで知ることができる。世界でも唯一の事故物件公示サイトということで、これまでにもテレビや雑誌などで頻繁に取り上げられており、すでに多くの方がご存じだろう。

しかし、実は「事故物件」という言葉自体の定義は不明瞭なのである。

一般的に、その物件（あるいは敷地内）で自殺や他殺、火災による死亡など、人の死に関わ

【事故物件】
別の業界用語として「キズモノ」と呼ばれることもある。

る事件・事故などが起きた場合は事故物件と呼ばれる。また、自然死であっても発見が遅れて腐敗していた場合なども事故物件と見なされる。「前の入居者が不遇の死を遂げた」という事実は、次の入居者にとっては目に見えない不具合（心理的瑕疵《かし》）である。そのため、不動産会社は相場よりも安い賃料（2～3割引が目安。なかには5割引もある）で募集をかけ、問題となる事実を説明した上で入居者を引き入れようとするのだ。

しかし冒頭でも述べたように、事故物件とは「何らかの問題を抱えた不動産」である。たとえ事故や事件と無関係でも、入居者を悩ませる物件は数多く存在している。そこで本書では、「事故物件」の定義を次のように定めた。

【事故や事件にかかわらず、物件に関わるすべての問題を包括した上で、何らかの問題を抱えた物件を「事故物件」とする】

具体的には、雨漏りや壁の薄さなど構造上に問題を抱えた物件、空き巣や放火など犯罪者を呼び寄せやすい物件、付近に工場などの騒音施設や墓場などの嫌悪施設がある物件……。ほかにも、住民トラブルが絶えない、管理がずさんなど、入居者が回避すべき物件はさまざまであり、これらはすべて〝広義の事故物件〟だ。

人の死が関わる〝狭義の事故物件〟の場合、不動産会社は次の入居者にその事実を説明する義務が発生する。ただし、不動産会社もビジネスなので、あの手この手を使って不都合を隠蔽しようとする。ましてや、広義の事故物件ではそもそも説明が義務づけられていないため、不具合に気づかないまま入居してしまうケースが多いのだ。

一度住んでみないと、住み心地は分からないもの。入居してから住宅の思わぬ不具合に気づいた経験は誰しもがあるはずだ。しかし、「こんなハズじゃなかったのに…」と思っても後の祭りである。引っ越しにかかった費用や、礼金などの初期費用は返ってこないし、分譲住宅であれば、一生後悔し続けることにもなる。

どんな事故物件であろうとも、避けたいと思うのが人の常だ。仕方なく事故物件に住むとしても、問題点を受け入れて入居するのと、知らずに入居するのとでは、事前の準備や心構えに大きな差がでるだろう。

だからこそ、我々は事前に問題点を見抜き、事故物件を掴まされない方法を学ぶ必要があるのだ。

「借り手市場」拡大の裏で事故物件は急増する!

現在、日本の賃貸業界は完全なる〝借り手市場〟だ。

そもそも1968年、総住宅数が総世帯数を逆転して以降、総住宅数は総世帯数の増加を一

本書における事故物件のイメージ

広義の事故物件

狭義の事故物件

自殺、他殺、発見が遅れた場合の自然死、火災による死亡……etc.

←「心理的瑕疵物件」として入居者への説明義務が発生。家賃が相場よりも安くなるケースが多い

物件に関わるあらゆる問題

欠陥住宅、空き巣に狙われやすい構造、放火されやすい構造、忌避すべき周辺施設（工場などの騒音施設、墓場やカルト宗教事務所などの嫌悪施設）、管理がずさん、住民のモラルが低い……etc.

←家賃が安くなるケースは少なく、内容によっては説明もされず「見えない事故物件」になることも

貫して上回る状態が続いていた。総務省統計局の「平成25年住宅・土地統計調査」によれば、現在の賃貸物件総数が１８４４・９万戸に対し、空き家は４２９・２万戸。空き室率は23・2％という過去最高を記録し、実に日本の賃貸物件は「５戸に１戸以上が空き室」なのだ。

これは物件を探す側にとっては非常に有利な状況だ。不動産会社や大家は、何とかして入居者を集めたい。そのため、賃料を下げたり引越費用を負担するサービスを講じたりするほか、入居時の交渉においても入居希望者の要求が通りやすい環境が整っている。

しかし、ここで注意すべきは「事故物件が急増している」という事実である。

最初に分かりやすい例を挙げよう。内閣府の「自殺対策白書」（平成23年版）によると、

【住宅・土地統計調査】
総務省統計局が５年ごとに実施している調査。住宅や世帯の居住状況、土地などの実態を明らかにする。住生活基本計画、土地利用計画など諸施策の企画、立案の資料としても重用されている。

年間3万人の自殺者のうち、約半数が自宅で自殺している。つまり、単純計算すると、毎年1万5000件以上の事故物件が増えていることになる。

自殺だけでなく、病気や不慮の事故、殺人などの刑事事件の被害を合わせると、年間に120万人もが亡くなっている。そのほとんどは病院で亡くなっているとはいえ、亡くなった場所が住宅であれば、そこはもれなく事故物件になるのだ。

さらに、事故物件急増の理由として考えられるのは「孤独死の増加」と「老朽化物件の増加」の2つ。少子高齢化が叫ばれて久しいが、いまや日本は4人に1人が高齢者という世界随一の高齢国家だ。当然、これに伴って高齢者の孤独死も増加しているのだ。物件内での自然死は事故物件として扱われないケースが多いが、先述の通り、発見が遅れて腐敗が進んでいた場合は事故物件になる。ひとり暮らしの高齢者が増える一方で、近所付き合いや親子関係の希薄化も問題視されるなか、孤独死の発見が遅れて事故物件になってしまうケースが増えているのだ。

一方、老朽化物件の増加では、単純な老朽化よりも「手入れを怠る物件」が懸念される。というのも、空き室率の増加によって収入不足に陥り、管理物件の修繕費用の捻出が厳しくなるからだ。この結果、空き室を多く抱える物件の老朽化が進むばかりか、設備面のクオリティも維持できなくなってしまう。たしかに空き室は増えているが、そのなかに潜む事故物件も増え続けているのである。

「大島てる」に掲載されている事故物件の数は、日本国内だけで1万6000件余り（2014

賃貸物件の空き室率

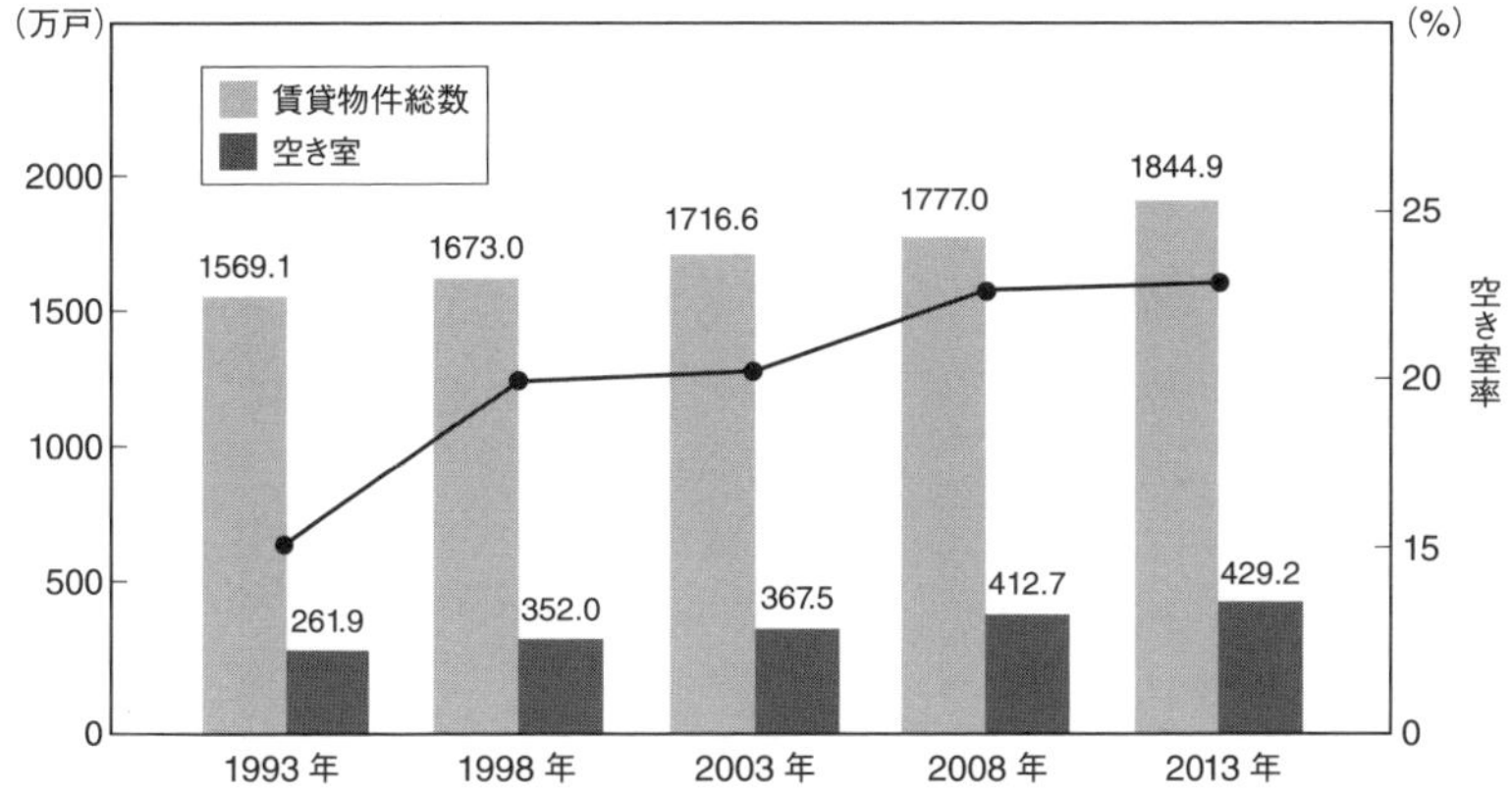

出典：『平成25年住宅・土地統計調査』（総務省統計局）より作成

年11月現在）。これとて全体のごく一部に過ぎない。ましてや、人こそ死んでいないにせよ、何らかの瑕疵をもった物件はそれこそ無数にあると考えるのが自然だ。

だとすれば、あなたが今住んでいる部屋や住宅は実は事故物件かもしれない。あるいは、次に引っ越そうとしている部屋は事故物件かもしれない。

さきほど「借り主有利」と説明したが、貸し主側は問題点を隠して言葉巧みに入居者を獲得してくる。そんな〝事故物件増加時代〟に突入した現在において、快適な生活を送るためには、正しい物件の選び方を知ることが何よりも大切なのだ。

【国外での事故物件の扱い】
香港では、変死が発生した物件は「凶宅」と呼ばれて忌避され、日本と同様に相場が安くなることが知られている。一方、イギリスでは、幽霊が出るとされる物件は、通常よりも高値で取引されることもある。

事故物件はどうやって見抜くのか⁉

激安物件に潜む「告知事項」

賃貸物件を探していると、まれに誤植かと疑いたくなるような激安物件を目にすることがある。たとえば、東京都の某ターミナル駅から徒歩10分の1DKマンション。築10年以内で風呂・トイレは別。ほかにもオートロックがついて、家賃は驚きの〝5万円〟である。地方在住の方にはピンと来ないかもしれないが、東京都心部の物件は本当に高い。似たような条件の物件を地方で探せば、3万円前後でも簡単に見つけることができるだろう。しかし、この物件周辺の家賃相場は1DKで10万円前後。つまり、先の物件は相場の半額程度という激安物件なのだ。

もったいぶる必要もないのでネタばらしするが、この物件は前の住人が自殺した事故物件である。設備欄には独立洗面台・室内洗濯機置き場・宅配BOX・リフォーム済といった魅力的な条件で埋め尽くされているが、備考欄には次の文言が添えられている。

――「告知事項有り」。

告知事項とは、簡単に言えば「売り主（貸し主）が買い主（借り主）に対し、事前に伝えておくべき重要事項」のこと。不動産売買において、事件・事故などの心理的瑕疵（外部から容易

【東京都心部の家賃】
都内で最も家賃相場が高いのは港区で、20㎡に満たない1Rでも10～11万円が相場だ。

に発見できない欠陥）がある場合、売り主はその旨を買い主に報告する必要がある。これを「瑕疵担保責任」といい、売り主が瑕疵を秘匿していた場合、買い主は契約解除や損害賠償を求めることができる。

賃貸物件においても同様で、もしも管理業者が入居希望者に瑕疵の説明を怠っていたら、それは宅建業法47条1項1号に定められた「告知義務」の違反となる。冒頭で紹介した物件ならば、告知事項は「実は、前の入居者がこの部屋で自殺したんですよ……」といった具合だ。

瑕疵に該当するのは、入居希望の物件で起きた自殺や殺人、火災による焼死などはもちろん、構造上の欠陥、土地の欠陥、近隣トラブル（付近に暴力団事務所、隣家がゴミ屋敷など）も含まれる。しかし、判断が難しいのが自然死だ。一般的に自然死の際は告知不要だが、死後の発見が遅れて腐敗が進んでいた場合は瑕疵と認められ、告知義務が発生することがある。ただし、「死後○日後に発見」や「腐敗の度合い」などに明確な線引きは設けられていない。そのため、告知の判断は管理業者に委ねられることとなる。

事故案件を秘匿する「物件ロンダリング」

告知義務の厄介な点は、人の死が絡んだ際の定義の曖昧さにある。構造上の欠陥などは改善されない限り報告し続ける必要があるものの、人の死が絡む場合は状況によってその義務が不要となるのだ。

代表的な例は「事故物件の告知義務は、次に入居するひとり目のみ」という業界ルールだ。1度入居者が生活すれば、過去の事件・事故による心理的瑕疵は薄まるため、以後の入居者に告知義務は発生しないという考えである。これは過去の裁判例によって認められているため、適用している管理業者も多い。だが、裁判例を逆手にとって悪用する業者が増えてしまったのが問題だ。たとえば、自殺や殺人が起きた物件を管理業者の社員が短期間だけ契約するという方法がある。そうすれば、次に募集をかける際に告知義務は発生しなくなるというカラクリだ。

ほかにも、共用スペースなどの敷地内における事件・事故もトラブルに発展しやすい。入居者と無関係の人物がマンションの屋上から投身自殺していたり、共用通路で人が殺されていたりしたら、心理的嫌悪を抱く人も多いはず。ところが、敷地内における事件・事故に関しては、基本的に告知義務は発生しないのだ。このため、当然ながら管理業者からの告知はない。たとえ入居後に事件を知って管理業者を訴えたとしても、それまでに収めた家賃の返還や引越費用の請求は認められず、結果として泣き寝入りするしかないのである。

貸し主としては、できる限り事故物件であることを知られたくない。というのも、事件・事故後に被る損害が大きいからだ。事故物件の家賃は3〜5割引が相場であり、それでも入居者が決まらないことは珍しくない。事件・事故が原因でほかの住人が次々と退去する恐れもあるし、凄惨な殺人事件が起きた物件に至っては建物ごと取り壊されることもある。家賃収入の減少は貸し主にとって避けたい事態であり、戸数の少ないアパートならば死活問題なのだ。

このため、住居としての貸し出しを諦め、別の目的に利用される事故物件もある。事務所専用として法人向けに切り替えたり、撮影などの貸しスタジオとして生まれ変わったりするのだ。閑静な住宅街にポツンと佇む一軒家タイプの撮影スタジオは意外と多い。当然、撮影用に改装されているのだが、少し前まで人が住んでいた名残が感じられるところも少なくない。

また最近では、利便性の良い都心部にあるマンションの一室を、撮影スタジオとして貸し出しているところも増えている。それらの多くは分譲や賃貸のごく普通のマンションで、他の部屋には居住者がいるばかりか、入り口がオートロックのところさえある。つまりは、最初から貸しスタジオとして建てられたものではないのだ。もしかしたらそれらのスタジオは曰く付きの事故物件なのかもしれない……。

事故物件を見抜くポイント

近年、管理業者の悪質な秘匿は減少傾向にあるという。その理由は、ネットを介した情報網の発達によって事件・事故を隠しにくくなったからだ。「ふたり目以降の入居者に告知しなくてもいい」という裁判例は、現在でも適用されることは多い。しかし、ひとり目があまりに短期間だった場合は意図的に告知義務を怠ったとみなされ、公になれば損害賠償はおろか行政処分もあり得る。家賃を一定期間割引するデメリット以上に、隠蔽が発覚した際のリスクが大きすぎるのだ。

こうした背景もあり、信頼を損なわないためにも積極的に告知義務を果たす業者が増えている。報告内容の基準も見直され、「事件・事故から10年間は、必ず契約前に報告する」「同フロアで起きた事件・事故でも伝えるようにする」といった社内ルールを設けている業者は多い。事実、近年は賃貸サイトのキーワード検索で「告知事項」と入力すれば、いかにもワケありといった激安物件が数多くヒットするようになっている。

ただし気をつけたいのは、契約前に説明の義務はあるものの、募集広告などに掲載する必要はない点だ。「告知事項有り」と記載されていなくても、いざ業者に話を聞いてみたら「実は……」と切り出されることもある。「事故物件と知っていれば、そもそも問い合わせなんてしなかった」と不満を感じる人も多いだろう。そこで、部屋探しのロスを省く意味でも、「告知事項有り」の記載が無くとも事故物件を見抜くためのポイントを紹介しておこう。

①周辺の家賃相場よりも3~5割安い
②定期借家
③部屋の一部分だけ不自然なリフォームがされている
④一年以内に物件名が変わっている

【事件・事故から10年間】
近年は5～10年間が一般的。ただし地域によって基準は異なり、人の移り変わりが激しい都心部では、5年未満でも問題ないと判断される。一方、人口が少ない地域では風化しづらく、10年以上経っても説明が必要な場合もある。

告知義務が発生する 4 種類の瑕疵

Ⅰ 物理的瑕疵

物件そのものに物理的な
不都合が存在する物件

【例】雨漏り、シロアリ被害、耐震強度の不足…etc

Ⅱ 法律的瑕疵

法令などにより、
何らかの制限がある物件

【例】前面道路が都市計画道路の予定地、文化財の指定地域に含まれる…etc.

Ⅲ 心理的瑕疵

心理的に住み心地の悪い
事情を抱えた物件

【例】自殺、他殺、心中、自然死の発見が遅れた…etc.

Ⅳ 環境的瑕疵

物件そのものに問題はないが、
取り巻く環境に問題がある物件

【例】近隣建物からの騒音・振動・異臭、日照や眺望の障害、付近に暴力団事務所…etc.

一般向け住宅

■東京エリア

平成26年9月12日現在、契約に至っていない物件の一覧です。

予約済みの可能性がありますので、最新の状況・詳細については、窓口でご確認ください。

団地名	所在地	住戸番号	型式	本来家賃(円)	割引後家賃(円)	割引期間	共益費(円)	特別措置
花畑	足立区花畑	[illegible]	2DK	54,700	**27,350**	1年	2,700	
竹の塚第二	足立区竹の塚	[illegible]	3DK	89,500	**44,750**	1年	3,500	
金町駅前	葛飾区東金町	[illegible]	2DK	79,100	**39,550**	1年	2,600	
大島四丁目	江東区大島	[illegible]	2DK	78,700	**39,350**	1年	3,200	
立川幸町	立川市幸町	[illegible]	1LDK	56,000	**28,000**	1年	2,950	
高島平	板橋区高島平	[illegible]	1DK	59,500	**29,750**	1年	2,700	
高島平	板橋区高島平	[illegible]	1DK	63,700	**31,850**	1年	2,700	
小島町二丁目	江戸川区西葛西	[illegible]	1DK	66,200	**33,100**	1年	2,200	
アーバンライフ東新小岩	葛飾区東新小岩	[illegible]	2DK	119,700	**59,850**	1年	4,480	
新川・島屋敷通り	三鷹市新川	[illegible]	2DK	98,300	**49,150**	1年	4,390	
文京グリーンコートビュータワー本駒込	文京区本駒込	[illegible]	1LDK	167,700	**83,850**	1年	8,200	
三鷹台	三鷹市牟礼	[illegible]	2LDK	138,600	**69,300**	1年	4,400	
西国分寺ゆかり参番街	国分寺市泉町	[illegible]	1DK	90,200	**45,100**	1年	3,700	
藤の台	町田市金井町・本町田	[illegible]	3K	61,000	**30,500**	1年	2,400	

※「UR 都市機構」HP より

UR 都市機構では入居者が住戸内で死亡した場合、「特別募集住宅」として 1 年間半額の家賃となる。ほかの賃貸サイトでも「告知事項」や「心理的瑕疵」などでキーワード検索をかけると、事故物件と思われる格安物件が多数ヒットする。

【都営住宅が事故物件になった場合】

「病死等で発見が遅れた住宅」「自殺等があった住宅」は、「直接受付募集」という形で通常の物件とは別の形で募集が行なわれる。家賃（使用料）の値下げは特にないが、もともと高倍率の申し込み倍率が少し低下する場合が多い。

①は説明するまでもないが、人の死に関わる事件・事故があった狭義の事故物件ではなく、何らかの問題を抱えた広義の事故物件の場合でも、家賃が減額されることもある。

①に付随しやすいのが②の定期借家だ。定期借家とは、一定の期間で契約が必ず終了する物件のこと。更新不可であるひとり目の家賃のみを安くして、ふたり目以降は告知せずに事故前の価格で貸し出すという事故物件ロンダリングの手段に使われることもある。

③は室内で死者が出た物件の大きな特徴と言える。発見が遅れて死体の腐敗が進むと、体液は床下にまで染み込んで強烈な腐敗臭を発する。こうした痕跡を消すため、部分的にリフォームするわけだ。風呂やトイレは古いままなのに、床だけは最新式の綺麗なフローリング……といった物件は要注意である。部分的ではなく部屋全体がリフォームされていたとしても、それが一部屋だけでほかの部屋の設備は古いままという場合も同様に注意が必要だ。

④は、ネット検索対策や周辺の噂を風化させる対策として利用されることがある。特に、ニュースで報道されるような大きな事件が起こった物件は、名称変更を余儀なくされることが多い。有名な例では、2008年に起こった「江東マンション神隠し殺人事件」の現場となった物件は、事件後に名称が変更されている。もちろん、「○○コーポ」や「メゾン○○」といった古めかしく聞こえる名前から、「○○ハイム」「○○キャッスル」というような立派な名前に変えて物件価値を高める場合もあるので、一概には判断できない。

また、「大島てる」によると、競売物件と事故物件が重なる事例がよく目につくという。その

【噂を風化させる対策】
「江東マンション神隠し殺人事件」については41ページでくわしく述べている。

原因は主に2つ。

・失業等の何らかの理由で住宅ローンが払えなくなり、自宅が競売にかけられる。そして自暴自棄になって自殺してしまう。

・殺人事件の被害や孤独死等の何らかの理由で住宅ローンの払い手が不在となり、自宅が競売にかけられる。

つまり、物件が競売にかけられた時点で、何らかの事件や事故に関わっている可能性が比較的高いのだ。たいていの競売物件は一般的な相場よりも3割から5割程度安く、マイホームを購入する手段として人気になっているが、「事前に物件の内見ができない」、「宅地建物取引主任者による重要事項説明がない」などのリスクのほかに、事故物件であるという重大なリスクも考慮しなければならないと言える。なお、厳密には事故物件とは言えないが、殺人事件の加害者、つまり殺人犯が住んでいた物件も競売にかけられることが多いという。逮捕→仕事を首になる→ローン滞納→競売という流れをたどることがあるからだ。どちらにせよ、競売物件は要注意ということになる。

これらの項目にひとつ該当するからと言って、必ずしも事故物件とは限らない。しかし、複数の項目が当てはまった場合は事故物件の可能性を疑ってもいいだろう。さらに、事件・事故は起こっていないが、何らかの問題点を抱えている広義の事故物件の見極めについては、これから本書で紹介していく数々のポイントを踏まえて、多角的に判断していく必要があるのだ。

【殺人犯が住んでいた物件】
犯行時の自宅は事故物件扱いされないのが通例だが、警察の家宅捜索などによって近隣住民に広く知られる点、被害者の遺留品、犯行時に使われた凶器や衣服などが見つかることがある点を考慮し、事故物件に準ずる扱いを受ける可能性は高い。

多重事故物件～犯罪者が集まるアパート～

殺人が多発する〝呪われた〟マンション

入居者が立て続けに自殺、同じアパート内で殺人事件が続出……このような物件は「多重事故物件」と呼ばれ、しばしば「物件そのものが呪われているのでは？」といった眉唾モノの噂が囁かれがちだ。

ところが、案外眉唾とも言い切れない。「大島てる」に掲載されている事故物件のなかには、「呪われている」としか考えられないような多重事故物件が存在するのだ。

たとえば、東京都練馬区にある3階建て総戸数15戸の小さな賃貸マンション。そこではわずか2年足らずの間に、1階の2部屋で続けざまに殺人事件と傷害致死事件が発生している。殺人事件の方は、同居していた若いカップルの男が、女を包丁で刺し殺したもの。ささいなケンカが発端だったと報道されている。その隣りの部屋で起こった傷害致死事件は、入居者ではなく、来訪者同士がいさかいを起こし、一方が外国人男性を暴行して死なせたものだ。

また、東京都足立区の3階建てのあるマンションでは、3階の部屋で傷害致死、3階の踊り場で首つり自殺、1階の部屋で刺殺と、4年間で3件の死亡事件が起こっている。このうち傷害致死事件は、会社の同僚で酒を飲んでいたが口論になり、ビール瓶で殴って相手を死なせたもの。1階の刺殺事件は、マンションのオーナーが刺し殺されたもの。なお、事件直後に容疑者の元夫は別の場所で自殺したという。

両物件とも、総戸数の少ないマンションであり、練馬区のマンションはごく普通の賃貸物件、足立区のマンションも暴力団事務所などではなく、1階が美容院、2階と3階が建設会社の寮として使われていたというから、このような短期間で死亡事件が頻発するというのは、偶然の域を超えているようにも思われる。

しかし、事故や事件の原因を、その土地が呪われているから、今流行の自縛霊がついているから、といった安易なオカルティシズムに求めるのは早計である。

では、このような多重事故物件はどうして生まれるのだろう。

一度、事件や事故が起こり、事故物件となってしまったら、入居者がなかなか決まらないのは容易に想像できる。そんな事故物件なら、大家にとってはどんな人であっても入居してほしいと考えそうなものだ。その結果、事件や事故を招きそうな人でも、ほいほい入居させてしまうからだろうか。

実はそれは全くの反対で、事故物件だと入居審査は逆に厳しくなることが多いという。家主が最も嫌がるのが、続けて事故を起こされることだからだ。そのため、いかにもトラブルを起こしそうな人や、病死や自殺をしそうな人は、通常の入居審査以上に避けられるのだ。

間取りが精神を蝕んでいく⁉

事件や事故を起こしやすい人が特定の物件に集まってくるのではなく、事件や事故を生み出しやすい物件、事件の連鎖を招きやすい物件というものがあるのかもしれない。

というのも、物件の間取りや周辺環境は、想像以上に人の心理に影響を与えているからだ。呪いなどの非科学的な理由ではなく〝情緒不安定になりやすい物件〟は確かに存在しているのだ。

では具体的に、どのような物件が精神を不安定にさせるのか。代表的な例として「圧迫感がある(天井が低い、室内が細く狭い)」「収納スペースが皆無」「ワンルームで玄関と部屋が一体化している」「日当たりが悪い」「(線路や幹線道路など)周辺の騒音が大きい」などが挙げられる。

ひとつひとつを見れば、些細なストレスかもしれない。しかし複数の要素が重なると、集中力の欠如や睡眠障害、自律神経失調症などを誘発する可能性が高まるのだという。とくに既婚者の男性で気をつけたいのは、「日当たりや日中の騒音は、仕事で不在だから無関係」といった判断だ。自分は大丈夫だったとしても、専業主婦や子供にとっては日常的なストレスとなる。これが原因で家庭内の不仲を招き、離婚に発展する可能性もゼロとは言い切れない。

また、入居者に犯罪者が発生しやすい理由としては「極端に低い賃料」や「緩い入居条件」が考えられる。風呂・トイレなしなどの激安アパートは、必然的に低所得者層が集まりやすい。

【人の心理に影響を与える】

「赤系の色は交感神経を刺激する」「青系は集中力が高まる」など、近年では色による効果も広く知られている。内装で避けた方が良いのは「白一色」で、緊張感を与える効果があることから、度を超えると情緒不安定になる可能性があるという。

貧困と犯罪率の関係は、統計学や社会学などあらゆる側面から実証されている。つまり、誤解を恐れずに言えば「激安アパートには犯罪者予備軍が潜んでいる可能性が高い」のだ。一方、入居条件の緩さも同様で、「保証人不要」「国籍不問」「職業不問」などの門戸の広い物件には、自然と〝ワケあり〟の入居者が集まりやすくなってしまう。入居者にとって、賃料の安さや入居条件の幅広さが魅力的であることは言うまでもない。しかし、あまりにも極端な物件は避けるのが賢明と言えよう。

なお、自殺や殺人など人の死が絡んだ事故物件は、これまで説明した要因とは関係なく多重事故物件になる可能性を秘めている。理由は単純で「事故物件」という事実そのものが、入居者の精神に影響を及ぼすからだ。事故物件と知った上で入居したものの、いざ暮らしはじめたら不安に駆られる人は意外と多い。こうした不安感は夜の就寝時に訪れやすく、睡眠障害から情緒不安定に陥ってしまう。そして精神を病んだ結果、その入居者までもが自殺してしまったら、たちまち「前の入居者の霊に呪われた」などの噂が広まり、オカルトじみた多重事故物件のできあがりである。

近年、あえて賃料の安い事故物件に住む風潮も見られるが、よほど胆力に自信がない限りはお勧めしない。万が一にも自らの命を絶つようなことがあれば、遺族が苦しむのはもちろん、賠償金を請求されることもある。想定されるリスクを考慮すれば、事故物件に飛び込むメリットは皆無に等しいのだ。

自殺者を引き寄せるマンション

居住者以外の「飛び降り自殺」が可能な物件に注意

毎年3万人前後が自ら命を絶っている自殺大国・日本。近年では鉄道人身事故の増加が問題視されているが、自殺場所として圧倒的に多いのは「住宅」や「高層ビル」といった建造物であり、実に過半数を占めている。青木ヶ原樹海や華厳の滝など「自殺の名所」と呼ばれるスポットは各地に存在するが、住宅においても自殺者を引き寄せる名所が存在しているのだ。

なかでも有名なのは高島平団地（東京都板橋区高島平）だろう。1972年から入居が開始され、10年間で自殺者は100人を超えた。この原因として挙げられるのは、当時の集合住宅としては珍しい高層建造物だったこと。10階を超える団地が並び、総戸数は1万戸以上。そして、居住者以外も簡単に屋上へと行ける公共性が多くの〝飛び降り自殺志願者〟を呼び寄せてしまった。

その後、屋上の進入禁止、廊下や非常階段にフェンスを張るなどの対応がとられ、自殺者は減少していった。しかし、対策が施されたあとも自殺志願者は後を絶たず、フェンスや階段の手すりで首を吊る人が続いたという。当時、高島平団地は「自殺の名所」としてメディアで大々的に報じられた。これが皮肉にも、自殺志願者に足を運ばせる原因の一端を担っていたのだ。

住宅における自殺は、飛び降りよりも首吊りの方がはるかに多い。しかし、首吊りは居住者が室内で行うことも多く、物件の構造そのものが自殺に及ぼす影響はきわめて低い。一方、飛び降りでは高島平団地のように居住者以外の自殺者も多くなる。このため、自殺物件を避けるためには、その物件が「飛び降り自殺に適しているのか否か」を見極めるべきだ。

飛び降り自殺が多い物件の特徴は、高層かつ部外者でも侵入しやすいことだ。一般的に、20m以上（6〜7階相当）からコンクリートの地面に落下すれば助からないと言われている。屋上に侵入できなくとも、廊下や非常階段などの共有スペースから飛び降りることが可能ならば、自殺者にとっては何の問題もない。

また、飛び降り自殺は高層建造物が多い都市部ほど多い傾向にある。厚生労働省の発表によれば、大都市における飛び降り自殺の割合は、市部や郡部と比較して2〜5倍。男女差も顕著で、女性は男性の2倍近い割合で飛び降り自殺を選ぶのだという。このため、高層建造物の多い地域ならば、あえて2〜3階建ての物件を選ぶのも選択肢のひとつだ。一方、郊外では駅周辺に高層建造物が建てられることが多いので、駅近物件を避けるのが望ましい。

「過去に飛び降り自殺があっても、それは偶然だ」と考える人もいるかもしれない。しかし、自殺者が居住者なのかそうでないのか、飛び降りた場所が共有スペースなのかベランダなのか、を可能な限り調べておこう。もしも、居住者以外が共有スペースから飛び降りたのだとし

【高層建造物】
持ち家に対するこだわりと地震・火災などの災害時の不安から、日本では欧米に比べ高層共同住宅の整備が遅れていた。ちなみに、国土交通省の基準によれば、6階以上が「高層」と呼ばれる。

たら、その物件は今後も同様の出来事が起こる可能性が高いのだ。

なお、飛び降り自殺の多い建物（あるいは飛び降り自殺しやすい建物）の近くに住むのも避けた方がいい。「近隣で飛び降り自殺があった」と耳にするのは決して気持ちのいいものではないし、ややもすれば自殺の瞬間に立ち会ってしまう可能性もある。

「目の前に人が落ちてくる」という状況は、言うまでもなくショッキングな光景だ。空から振ってきた人が地面に叩きつけられ、手足があらぬ方向に曲がったまま微動だにしない。頭部から落ちれば頭蓋骨が割れ、〝中身〟が周辺に飛び散っている……といった状況も珍しくない。

しかし、目撃しただけならばまだ幸せと言えるかもしれない。というのも、飛び降り自殺にはしばしば〝巻き込まれ被害〟が付きまとうからだ。たとえば2013年11月、東京新宿区のビルから飛び降り自殺をはかった女性が地上の男性に直撃し、両者とも重傷を負う事件があった。精神的に追い込まれた自殺者が、飛び降りる前に地上の歩行者を確認することは考えにくい。先の事例は重傷で済んだが、過去には巻き込まれた人が死亡するケースも報告されている。

飛び降り自殺に遭遇する確率は低いかもしれない。しかし、もしも目撃したら、目に焼き付いた光景はなかなか頭から離れず、食欲不振や睡眠不足など生活に支障が出るケースも考えられる。もちろん、巻き込まれて長期入院を余儀なくされる可能性もゼロではない。自殺者を呼び寄せる建物の付近で暮らすということは、こうした被害に遭う確率を無駄に高めることでもあるのだ。


【巻き込まれ事故】

飛び降り自殺に巻き込まれて死傷した場合、当然ながら飛び降りた人物の過失となる。2007年11月、東京都豊島区のデパート屋上から女性が飛び降り、地上の男性に直撃。両者とも死亡する事件が起きた。この結果、警察は飛び降りた女性を被疑者死亡のまま重過失致死容疑で書類送検している。

場所別の自殺構成割合

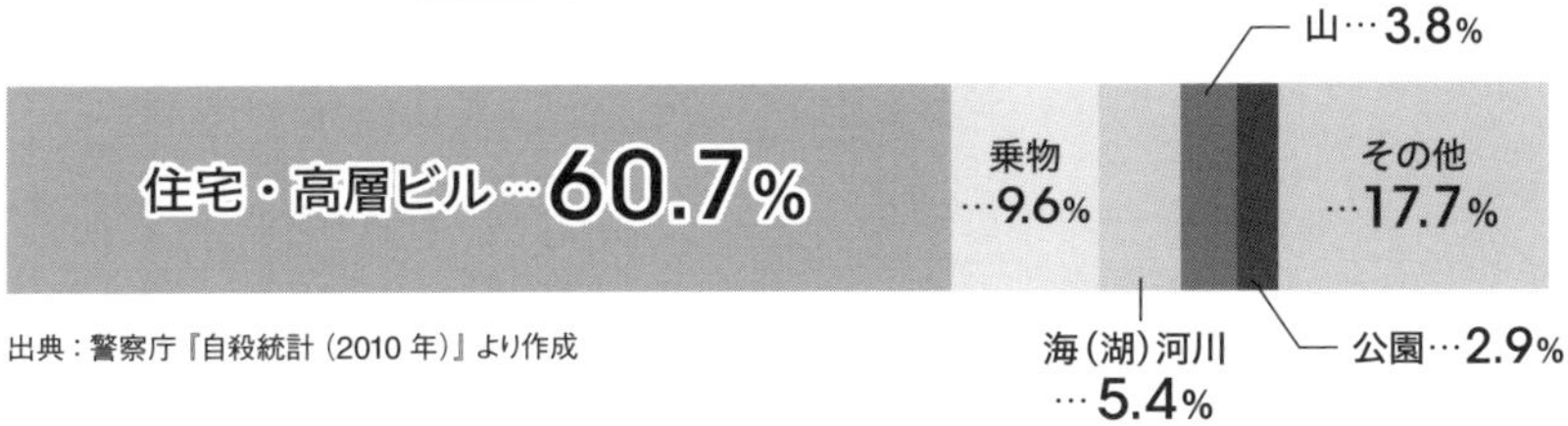

出典：警察庁『自殺統計（2010 年）』より作成

手段別の自殺構成割合

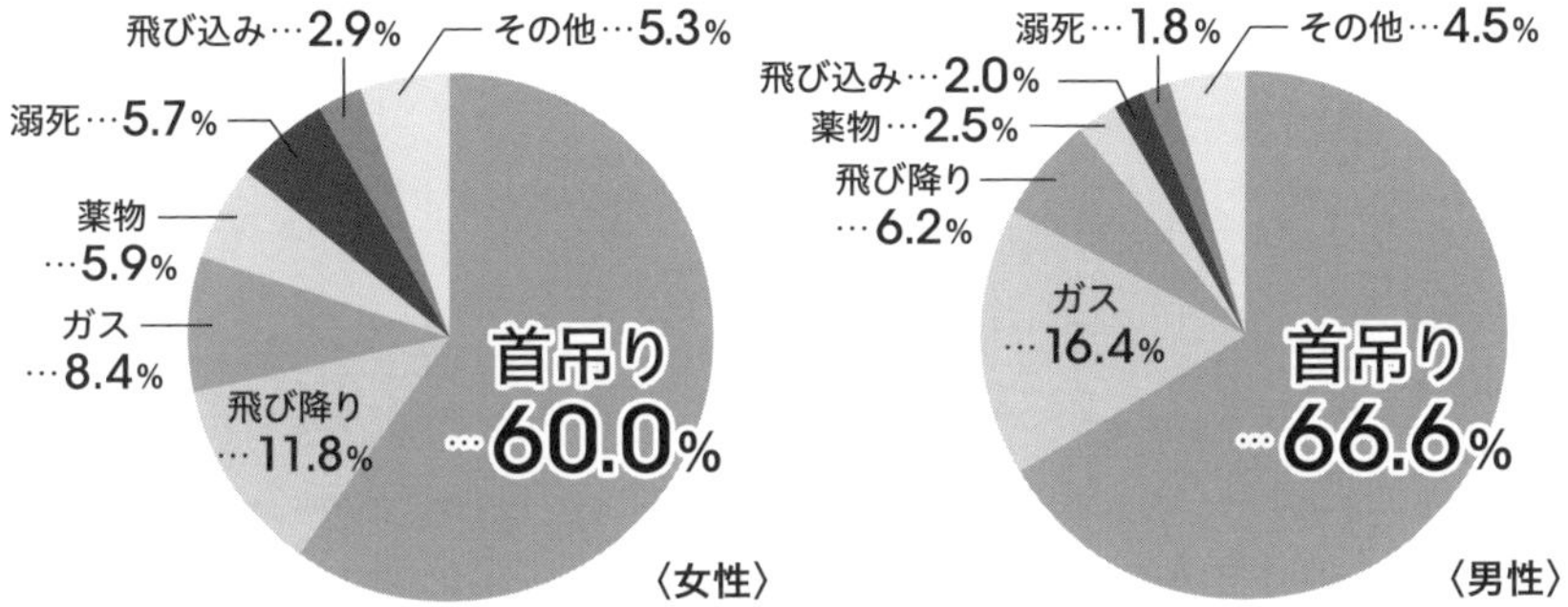

出典：厚生労働省『人口動態統計（2009 年）』より作成

当時では珍しい高層建造物だったため、1970 年代に「自殺の名所」と呼ばれた高島平団地。飛び降り自殺防止用に 3 階以上の共用部分にはフェンスが張られたが、その結果、フェンスなどを利用しての首吊り自殺が増えたことも。

【自殺の瞬間に立ち会う】
駅に近い高層のマンションなどで窓から駅のホームが見える場合、電車への飛び込み自殺を目撃することがあるため注意が必要。

放火魔が目を付ける"燃え種物件"

放火対象は犯人と無関係でも〝無差別〟ではない

江戸時代、幕府が置かれた江戸の街では頻繁に火災が起こっていた。火消しが華々しく活躍する姿から「火事と喧嘩は江戸の華」という言葉も残るほどだが、出火原因の多くは「放火」であり、決して「江戸名物」と謳えるような状況ではなかったようだ。当時の火災記録を見ると、動機には「火事場泥棒」「怨恨」「商売敵の店を潰したかった」「ふと火を付けたくなった」などが並び、現代と同じくさまざまな動機が存在していたことが分かる。

残念なことに、現代の日本でも出火原因の第1位は放火のままだ。2012年の出火件数は4万4189件で、そのうち放火は最も多い5370件。これに「放火の疑い」を加えると8590件にのぼり、まさに対岸の火事では済まされないのが現状である。

古くから放火が凶悪犯罪として扱われるのは、火災がすべてを奪い去るからだ。住居や財産はもちろんのこと、人命を奪うケースも珍しくない。そして何よりも恐ろしいのは、犯人とは無関係の住宅が「憂さ晴らし」で狙われる可能性もあることだ。

とは言え、放火魔の狙いは無関係の住宅であっても、決して〝無差別〟ではない。火を付けるためには〝燃え種〟が必要であり、これは住宅への放火においても同様だ。つまり、放火されやすい物件には必ず不用心な燃え種が存在しているのだ。

共同住宅への放火場所で圧倒的に目立つのは、何と言っても「共用スペース」である。とくに居住者でなくても簡単に侵入可能なエントランスや廊下は要注意。ドアの前に古新聞や古雑誌などが置かれていたら格好のターゲットであり、郵便受けに溜まった新聞やチラシへの放火も報告例が多い。都心部では折り込みチラシの量も多く、煩わしく感じる住人は多いという。しばしばチラシを部屋に持ち帰らず、その場にポイ捨てする人もいるため、郵便受けの近くに「不要なチラシはこちらへ」などと書かれた段ボールなどを用意しているマンションもある。管理人の配慮かもしれないが、結果としてこれらも燃え種となってしまう。

また、可燃ゴミへの放火も多いため、ゴミ捨て場の環境も重要だ。屋内に専用のゴミ捨てスペースがある物件は危険性も低いが、屋外に捨てるタイプの物件は注意が必要。というのも、放火の多い時間帯は「日没後から深夜にかけて」であり、夜間にゴミを捨てる人が多い物件は被害に遭う可能性が高くなるからだ（逆に、放火以外の火災は居住者が活動する「朝〜夜」が多い）。

ほかにも、駐輪場に置かれた自転車やバイクもターゲットになりやすい。事実、２０１２年に東京都で起きたおもな連続放火事件では、自転車関連の放火も目立っていた。とくにカゴの中に可燃物を放置している自転車は狙われやすく、建物へと延焼する可能性も高くなる。

【夜間にゴミを捨てる】
夜間のゴミ出しを禁止している物件も多いが、この理由として放火以外にカラスなどの獣害が挙げられる。カラスの多い都心部の繁華街では、深夜にゴミを回収する地域もある。

ここまで列挙して気がついた人も多いと思うが、実は放火されやすい物件は建物の構造だけでなく居住者のモラルに左右される部分も大きい。もちろん「周辺の治安が悪い物件」や「延焼の可能性が高い木造物件」などは避けるべきだろう。しかし、こうした条件をクリアしていても、先のように共用スペースに燃え種を放置する住人がいたら意味が無いのだ。

だからこそ、内見時には郵便受けや共用スペースも確認し、紙類など燃えやすいものが放置されていないかをチェックしよう。また、内見時間が昼間だったとしても、ゴミ捨て場も要確認。回収日と異なるゴミが放置されていたら、ルール違反の住民が暮らしている可能性が高い。この場合、住民トラブルが起こる可能性も高いので、こうした物件は避けた方が賢明だ。

なお、消防庁は2004年に「放火火災防止対策戦略プラン」を発表し、個人住宅向けに全26項目からなる評価シートを配付している。この評価シートは消防庁のサイトから入手可能なので、希望物件を調べる際、照らし合わせてチェックするといいだろう。また、各自治体および消防署のサイトで、周辺地域の防火対策や最寄りの街路消火器の場所も調べておきたい。

そして最後に、これはあまり考えたくない話だが、自分の借りた物件が放火にあった場合に備え、あらかじめ火災保険の契約内容を把握しておこう。基本的に火災保険は、賃貸契約時に不動産屋から提案されることが多く、その物件に合った契約内容のはずだ。しかし、部屋の面積やプランによって家財の保障上限額が異なるため、必要に応じてプランの変更を検討してもいいだろう。

時間帯別放火火災発生状況（東京都／2012年）

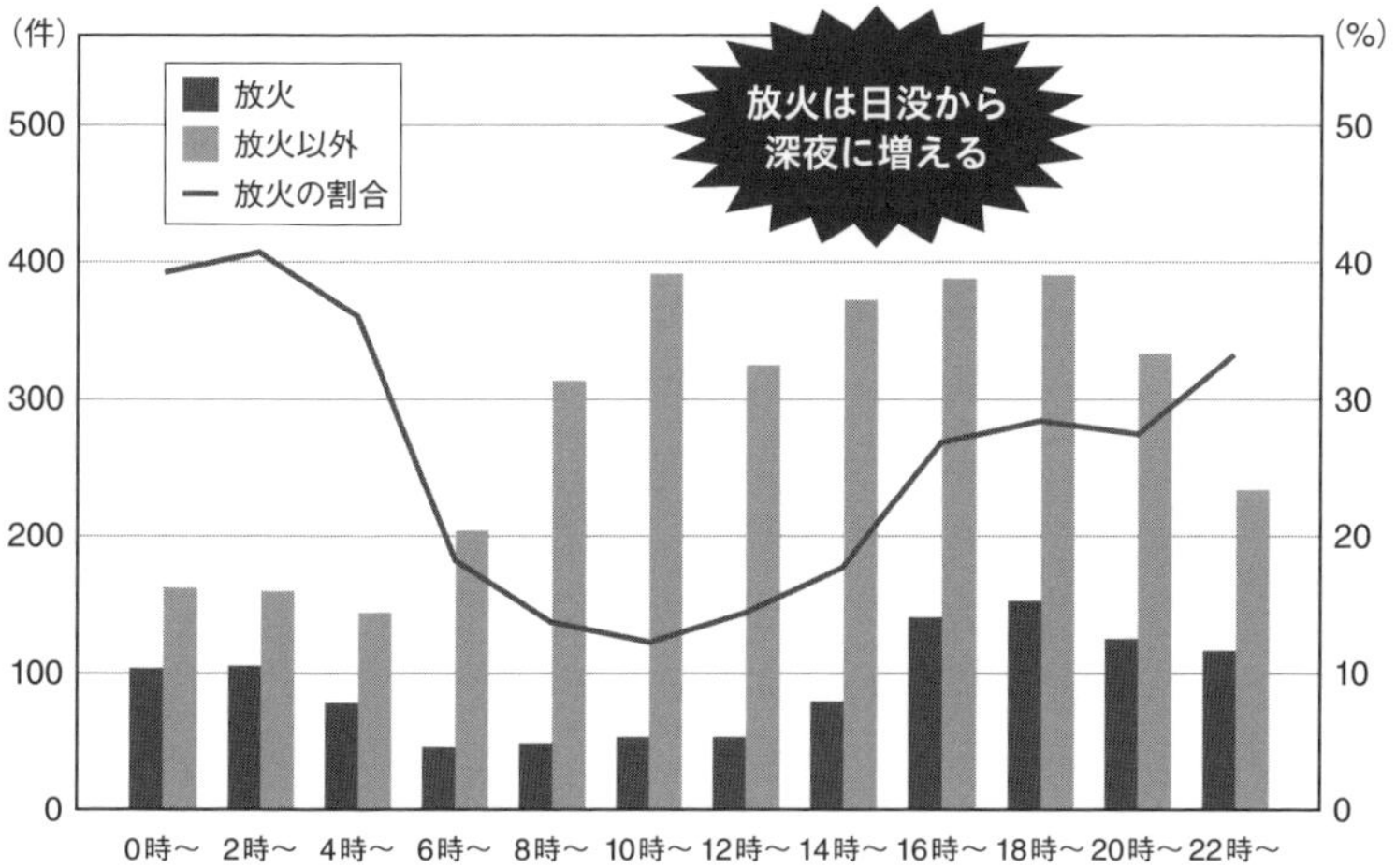

出典：東京消防庁『放火火災の実態』

時間帯別放火火災発生状況

	放火	放火以外	放火の割合
0 時～	102 件	160 件	38.9%
2 時～	107 件	159 件	40.2%
4 時～	78 件	143 件	35.8%
6 時～	45 件	202 件	18.2%
8 時～	49 件	310 件	13.6%
10 時～	53 件	380 件	12.2%
12 時～	53 件	322 件	14.1%
14 時～	78 件	369 件	17.4%
16 時～	139 件	384 件	26.6%
18 時～	151 件	387 件	28.1%
20 時～	124 件	331 件	27.3%
22 時～	115 件	232 件	33.1%

出典：東京消防庁『放火火災の実態』

ドロボウの侵入を許す無防備物件

10分に1度のペースで侵入犯罪が起きている

２０１2年5月、タレントのエスパー伊東が空き巣被害に遭い、現金25万円の財布が盗まれるという事件が起きた。彼の自宅は東京板橋区にあるマンションの5階で「玄関は施錠していたが、ベランダの窓の鍵は開いたまま」だったという。

本人の不注意も原因のひとつだが、それよりも注目すべきはこのマンションの構造だ。この物件は「ベランダが玄関の隣にあり、仕切りはガラス板のみ」という特徴があった。そのため、犯人はガラスを乗り越えてベランダ経由で室内に侵入したと見られている。

警察庁の発表によれば、２０１3年に国内で起きた侵入窃盗は10万７４６7件（認知件数）。このうち住宅を対象とした侵入窃盗は5万７８９1件と過半数を占めており、実に「10分に１度のペースで日本のどこかの住宅に泥棒が侵入している」ことになる。

しかも、空き巣の大多数は突発的犯行ではなく「計画的犯行」である。彼らは日頃から入念な下見を行い〝侵入しやすい物件〟を探している。先のエスパー伊東のマンションも、そんな〝空き巣に選ばれやすい物件〟のひとつとして狙われた可能性が高いのだ。

【侵入窃盗】
住宅の侵入窃盗は「空き巣」「居抜き」「忍び込み」の３種類に分けられる。住民の留守を狙って侵入するのが「空き巣」、日中に住民がいる状態にもかかわらず侵入するのが「居抜き」、住民が寝静まった夜間に侵入するのが「忍び込み」だ。居抜きと忍び込みは、住民に見つかると強盗に変わる危険性がある。

最大のポイントはベランダの構造と周辺環境

空き巣はどのような物件を狙うのか？ 侵入口として最も多いのは「窓」であり、その侵入手段は「無施錠」と「ガラス破り」が9割近くを占めている。ピッキングやサムターン回しなどで玄関から侵入するのはわずか5％未満で、とくにアパートやマンションなどの集合住宅では、居住者の出入りが多い玄関側よりもベランダ側の窓から侵入する方法が目立っている。

このため、注意したいのはベランダ側の環境だ。侵入者からすれば「犯行を目撃されたくない」という心理は当然のこと。そこで彼らは〝人通りが少なく遮蔽物の多い物件〟を選ぶ傾向にある。ベランダの構造も同様で、柵ではなく目隠しタイプには注意したい。外から室内の様子が見えにくいベランダは、空き巣にとって格好の隠れ場所となる。彼らはベランダに侵入したあと、当然ながら窓を開ける作業に取りかかる。このとき、無施錠ならばすぐに侵入できるが、施錠された窓を破るためにはどうしても数分の時間を要する。このため、外から丸見えの柵よりも目隠しタイプのベランダで身を隠しながら犯行に及ぶことが多いのだ。

また、ベランダ付近の木々や高い塀は侵入時の〝ありがたい足場〟となり、場合によっては2階のベランダにも侵入を許してしまう。事実、集合住宅では1階と2階の物件が被害に遭いやすい。しかし、3階以上の物件に住めば安心というわけではない。隣接する建物と距離が近い物件は、隣の建物から飛び移ることで容易に侵入できるのだ。

【サムターン回し】
ドリルで玄関扉に穴を開け、そこから内側のつまみ（内鍵／サムターン）を回して解錠する方法。

【ピッキング】
ピック、テンションと呼ばれる耳かき上の特殊な金属棒を鍵穴に差し込み、解錠する方法。無破損解錠が可能で痕跡が残りにくいため、発見が遅れるケースが多い。

なお1、2階の被害が多いのは「3階建以下の集合住宅」に限った話で、「4階建以上の集合住宅」では最上階が狙われやすいというから驚きである。この理由は、最上階のベランダは屋上から侵入しやすいからだ。最近ではピッキング対策を施した玄関に変更する物件も増えているが、その一方で屋上へと続く扉の鍵はピッキングしやすい古いタイプのまま……という状態も珍しくない。高層階を希望する人は、屋上の扉や管理体制もチェックしておきたいところだ。

ほかにも「オートロックを謳っているものの、別の場所から敷地内に侵入できてしまう」「管理人常駐のはずが、内見時に不在だった」など、実際に物件をチェックすると宣伝文句とは異なるセキュリティ面の問題が見えてくることもある。

また、警備会社と契約しているマンションもあるが、警備業法で義務づけられている到着時間は「25分以内」である。このため、警備会社の待機場所と物件との距離が離れていたら（あくまで侵入窃盗に限った話だが）意味がない。実際、警備会社と契約した物件を専門に狙う空き巣も存在する。なぜなら、こうした物件の住人は安心感から施錠を忘れることが多く、それでいて経済水準が高いという〝上客〟だからだ。

多くの空き巣は「侵入までに5分以上掛かると犯行を断念する」という分析結果が出ている。そこで警察庁は、侵入までに5分以上を要するなど一定の防犯性能を有する建物部品を「CP部品」として認定し、推奨を呼び掛けている。お目当ての物件の窓ガラスがCP部品か否かなど、不動産屋や大家に確認してみるのもいいだろう。

【セキュリティ面の問題】
空き巣や強盗などの事件があった場合、物件に警察捜査の際に使われた指紋採取用の粉（主に銀白色のアルミニウム粉）が残ることがある。治安の悪そうな地域の内見時は、粉が残っていないかも確認したい。

侵入者が侵入をあきらめる時間

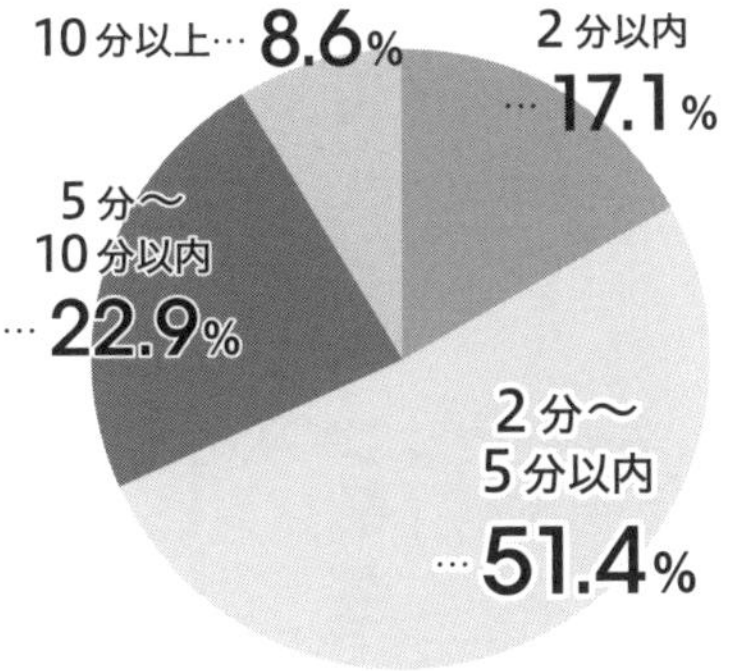

犯行をあきらめるおもな理由（複数回答可）

声をかけられた	63%
補助錠	34%
犬を飼っていた	31%
セキュリティーシステム	31%
面格子	23%
防犯ビデオ	23%

出典：『（財）都市防犯研究センター JUSRIリポート』

侵入窃盗の発生場所別認知件数

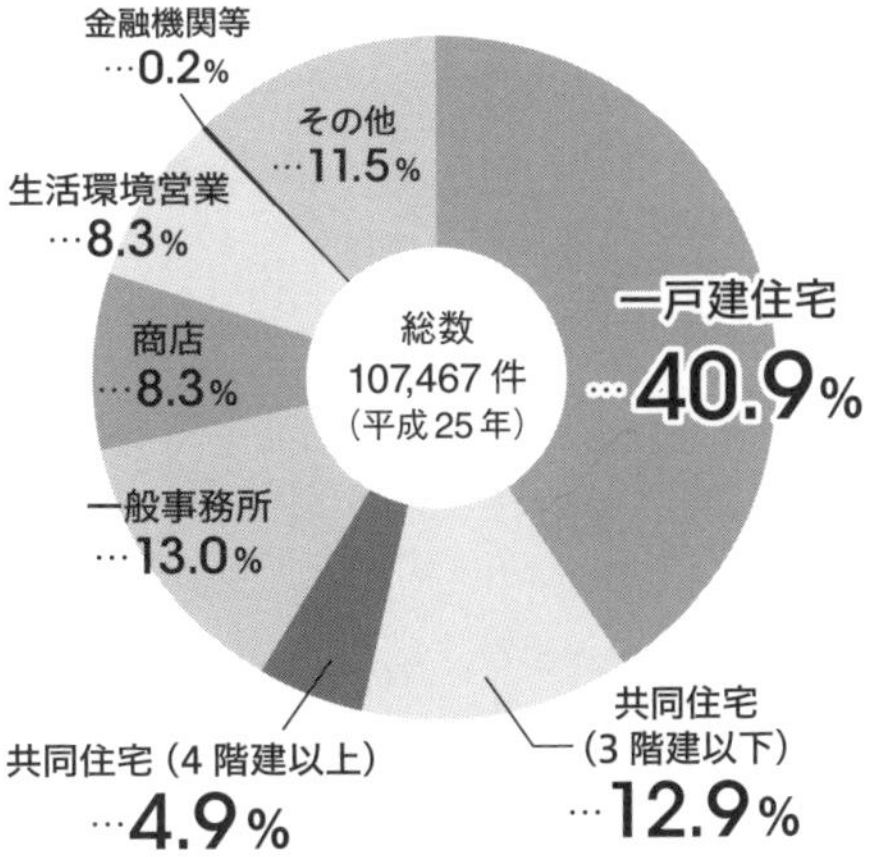

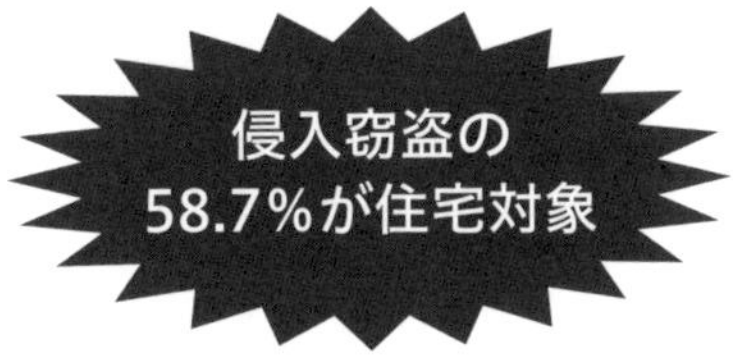

出典：警察庁『犯罪統計資料 平成25年1～12月【確定値】』

外部から室内の様子が見えにくい目隠しタイプのベランダは、空き巣の格好の隠れ場所。ここで空き巣は人目を避けながら、窓を開ける作業に十分な時間をとれるのだ。

組織的に問題を隠蔽する卑劣な裏工作

イメージダウン防止で入居者に敷かれる箝口令

人の口に戸は立てられないもので、悪い噂ほど広まってしまう。とくに近年はインターネットの普及もあり、全国各地の井戸端会議を覗き見られる時代だ。不動産情報に関しても例外ではなく、「大島てる」の存在によって、これまでは知ることのできなかった事故物件でさえ、ある程度は入居前に確認することができるようになっている。

しかし、事故物件か否かが分かるのは、あくまでも大きな問題が発生した場合に限られる。些細なトラブルは実際に住むまで気がつかないことも多く、ときには組織的にトラブルを隠蔽する〝隠れ事故物件〟も存在するのだ。東京都郊外の賃貸マンションを借りているAさん（30代男性・会社員）も、こうした隠蔽工作を目の当たりにすることとなった。

「回収日を無視したゴミ出しや騒音問題など、住民のマナー違反が目立つので、管理会社に相談したことがあります。しかし、注意の張り紙も出ないし、まったく改善される気配がないんです。そんなある日、このマンションで10年以上暮らしている隣人から『ここの管理会社は資産価値を気にして一切注意しないよ』と聞かされて驚きました。表立って注意喚起すると、仲

【資産価値を気にして注意しない】
賃貸物件では珍しいケースだが、不動産売買や分譲マンションではしばしば起こりうる。

介業者に注意物件として扱われて入居募集が集まりづらくなるのだそうです。現在の入居者よりも未来の入居者を優先するなんて、本末転倒だと思いませんか？」

入居者の確保を第一優先とする物件では、何か問題が起きても管理組合に箝口令を敷く場合がある。そうなると、マンション内で起きた窃盗や車上荒らしなどの重要な連絡事項も入居者全体に行き届かず、再犯を許すことになりかねない。さらに酷い例では「警察や救急車を呼んだら大家から嫌みを言われた」という報告もある。

自殺や殺人が発生した場合も同様で、「入居者全体のイメージが悪くなるから、周囲に吹聴しないように」と通達が来ることがある。もちろん、大きな事件が発生した場合はニュースにも取り上げられるため、事故物件として周知されるほか、次の入居者には告知義務が発生する。それでも、無関係の新入居者には可能な限り知られないように対策を講じるのだ。

家主からしてみれば、自分が所有する土地や建物で事件などが起きるのは確かに痛手だと思うが、その事実を隠すような不動産会社や大家は、他の部分でも不誠実な対応をすることが多いという。「大島てる」も「そういう手合いが不正に得をしないように」という考えに基づいて運営しているということだ。

ただし、「大島てる」の掲載基準を満たすような重大な瑕疵のある事故物件でさえ巧妙に隠蔽されてしまうのが実情だ。集合住宅であっても、いずれすべての入居者が入れ替われば、当時の事件を知るのは近隣住民だけとなり、知らぬは当の事故物件で暮らす入居者ばかり……という奇妙な状況ができあがることもある。

隠蔽によって、地域全体が事故物件になる!?

また、凶悪事件が発生した地域や人口の少ない閉鎖的な地域では、地域ぐるみで隠蔽が行われることがある。自分の町で起きた凶悪事件を早く忘れたいというストレートな心理も働くだろうが、それ以上に町全体のイメージダウンを防ぎたいのかもしれない。

「大島てる」によると、東京都世田谷区で同じ番地内に2つの事故物件が存在する地域がある。1件は火災による死亡、もう1件は傷害致死事件だ。実はこの地域、億は下らないであろう立派な邸宅が建ち並ぶ、いわゆる高級住宅街。このような狭い地域内で事故物件が重なり、それが周知の事実となると、事故物件ではない周囲の物件にも何らかの悪影響が及ぶことは想像に難くない。周囲の物件の住人は誰もが、事件があった事実を隠しておきたいと思うはずだ。

ただし、よく言われる「〇〇地区は高級住宅街」だという表現は、事故物件を考慮に入れるとあまり意味をなさない。というのも、この世田谷の事例をみても分かるように、ひとたび事故が起こると、隣り同士の物件でもその価値はまったく変わってしまうからだ。つまり、不動産は「面（地域）」や「線（鉄道路線）」としてではなく、「点」として考えるべきなのである。

ところが、あまりにも凶悪な犯罪が起こって大々的に報道された場合は、もはや隠蔽工作は意味をなさない。それどころか、中途半端に隠蔽されるあまりに、その地域全体が事故物件のような扱いをされてしまうこともある。

たとえば東京都では「治安が悪そうだから」と足立区への引越を躊躇する人も少なくない。具体的な理由として、１９８９年に起きた「女子高生コンクリート詰め殺人事件」を例に出す人が多いというのだ。事件から20年以上が経過し、少女が監禁されて殺された家がすでに取り壊されていることも広く知られているが、凄惨な事件の印象は簡単には拭えないということなのだろう。

ほかに記憶に新しいところでは、２０１３年に山口県周南市で起こった連続殺人放火事件の場合も同様だ。本来は、放火殺人、失火による死亡、あるいは物件内での焼身自殺であろうとも、建物が火災によって滅失してしまった場合は、物件自体がなくなってしまうので、もはや事故物件ではなくなる、という考え方をする不動産会社や大家が多い。しかし、周南市の事件の場合は、当該の事故物件は焼失したにもかかわらず、集落全体が事故物件として取り扱われる可能性がある。これは、事件の重大性や戸数が極めて少ない限界集落で起こったという点が大きな理由だが、事件が起こった物件とそうでない物件が、ごく限られた当事者以外に峻別できないというところも影響している。

不動産が「点」として考えるべきである以上、そして悪質な不動産会社や大家による隠蔽工作に屈しないためにも、「大島てる」のような事故物件の情報を有効に活用するべきだろう。

COLUMN 01

事故物件ファイル ～あの事故物件は今～

FILE.1

尼崎連続変死事件

（兵庫県尼崎市）

２０１１年11月に発覚した兵庫県尼崎市を中心とする連続殺人事件。25年以上にわたって複数世帯の住民を虐待・監禁し、死者８名・行方不明者３名の被害が出た。一連の事件では、主犯格の女Ａ（当時64歳）を含む計10名が起訴されたが、肝心のＡが翌年12月に兵庫県警本部の留置所で自殺。真相解明は困難な状況のまま、２０１４年３月に合同捜査本部は解散となった。

長期間にわたる「家族乗っ取り」が繰り返されたが、逮捕時に主犯格Ａが暮らしていた〝監禁部屋〟は、兵庫県尼崎市南東部に位置する分譲マンション。最上階角部屋で、間取りは70㎡超の３ＬＤＫである。

同物件は事件発覚後の２０１２年10月、神戸地方裁判所によって競売にかけられ、大阪の金融業者が落札。その後、２０１４年３月に室内のフルリフォーム。事件発覚時、ルーフバルコニーに置かれていた監禁用と思われる小屋も、もちろん現在は撤去されている。

同年４月より中古マンションとして売りに出され、販売価格は相場よりも２割程度安い１４８０万円。募集と同時に多くの問い合わせがあったようだが「監禁による連続殺人事件」という重大な心理的瑕疵により、4ヵ月以上が経過した現在も買い手は見つかっていない。

FILE.2 江東マンション神隠し殺人事件

（東京都江東区）

2008年4月、当時23歳の会社員女性が東京都江東区の自宅マンション内で行方不明になったことから「神隠し事件」と報じられた。事件発生から1ヵ月後、同フロアに住む男B（当時33歳）を逮捕。供述により、女性を殺害後、細かく切断した遺体をトイレに流したり、ゴミ捨て場に捨てたりして隠蔽を計る残虐性が際立った。

同マンションは2008年1月竣工の新築物件で、事件発覚当時はまだ3分の1近くが空き室の状態だった。そんななか、凄惨な殺人事件が起きたことにより、マンション名改称を余儀なくされた。2014年8月現在、Bが住んでいた部屋の空き室募集は確認されておらず、別の入居者が暮らし続けている模様。

このほか、近年に起きたおもな殺人・死体遺棄事件として、当時32歳の妻が夫（当時30歳）を自宅マンションで殺害し、切断遺体が新宿区や渋谷区で発見されて話題となった「新宿・渋谷エリートバラバラ殺人事件」（東京都新宿区・渋谷区／06年12月）、当時28歳の男が、英会話講師の英国人女性（当時22歳）を自宅マンションで絞殺後、2年以上にわたる逃亡生活の末に逮捕された「市川市福栄における英国人女性殺人・死体遺棄事件（千葉県市川市／07年3月）」などが挙げられるが、いずれも現在は犯行現場となった物件の空き室情報は確認できない。

人気の高い都心部のマンションという特徴もあるが「有名な事故物件」と承知の上で暮らす人も少な

くないようだ。

一方、事件の凄惨さから更地になった物件もある。1988年から翌年にかけて起きた「東京・埼玉連続幼女誘拐殺人事件」では、宮崎勤（08年死刑執行）が幼女を殺害し、遺体の一部を食した犯行現場は実家（東京都あきる野市）だった。家を取り壊したあともこの土地に暮らす人はおらず、現在は駐車場として使用されている。

FILE.3

綾瀬女子高生コンクリート詰め殺人事件（東京都足立区綾瀬）

1988年11月から翌1月にかけて、東京都足立区で起きた誘拐・監禁・強姦・暴行・殺人事件。当時17歳の女子高生を自宅に監禁し、殺害後はコンクリート詰めにして遺棄するという非人道的な行為が、未成年の少年4人によってなされたことから社会に大きな衝撃を与えた。

犯行現場となった住宅はすでに存在せず、現在は新たな住宅が建てられている。しかしながら、事件名に地名が冠されて大々的に報じられたことから、地域一帯が事故物件扱いとされている感も否めない。こうした事故物件エリアに認定されると、近隣住民が同地を離れたり、外部からの入居をためらうケースが目立ってしまう。

この事件のほか、当時14歳の少年が児童2名を殺害し、3名に重軽傷を負わせた「神戸児童連続殺傷事件」（兵庫県神戸市／97年5月）や、当時63歳の男性が怨恨から近隣の高齢者5名を殺害した「山口連続殺人放火事件」（山口県周南市／13年7月）なども、事件の影響の大きさから周辺一帯が事故物件扱いとされている。

以上、殺人事件を中心に紹介したが、やはり自殺や孤独死よりも、他殺の事故物件の方が入居者が困難となるケースが多いようだ。

第2章

悪徳不動産会社の手口

——事故物件をつかまされないために——

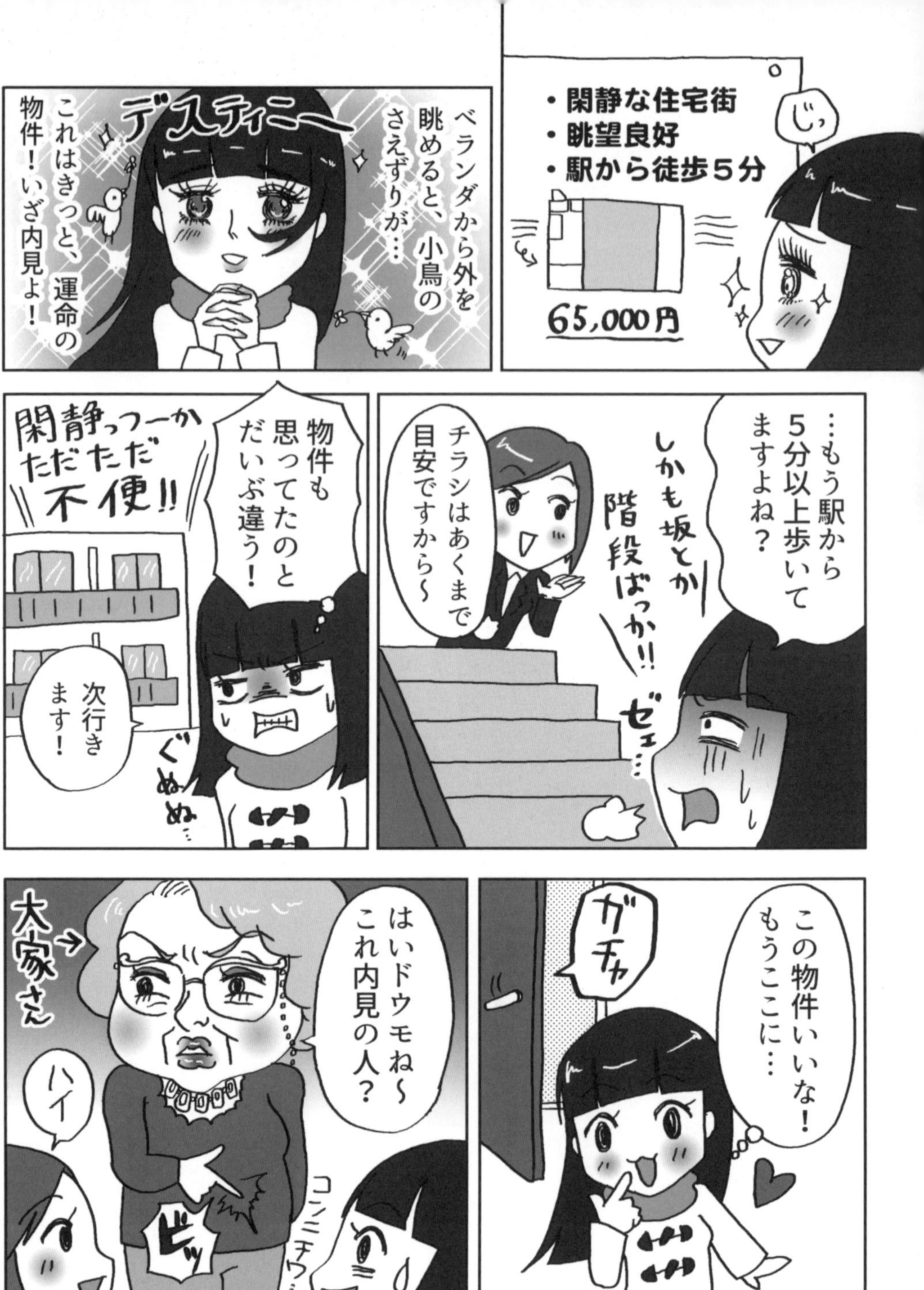
・閑静な住宅街
・眺望良好
・駅から徒歩５分
65,000円
じっ
ベランダから外を眺めると、小鳥のさえずりが…
デスティニー
これはきっと、運命の物件！いざ内見よ！
…もう駅から5分以上歩いてますよね？
しかも坂とか階段ばっか!!
ゼェ…
チラシはあくまで目安ですから〜
物件も思ってたのとだいぶ違う！
閑静っつーかただただ不便!!
次行きます！
ぐぬぬ…
この物件いいな！もうここに…
ガチャ
はいドウモね〜これ内見の人？
大家さん
ハイ
コンニチワ…
ビッ

ねちねち
ねち…
ねち
あなた、ゴミ出しのルール守れる？
私ここの2階に住んでるからときどき様子見にくるわね
部屋のカーテンは紫色にしてね！統一してるのよ
他にもルールがあるけど、守れないなら追い出すから
ねち
ねち…
ビシッ
!?
なにこの人…
この物件、（大家さんが）無理です…
ねち
ねち
ねち…
ハイ、では次へ～
その後も人こそ亡くなっていないものの、事故物件ばかりを紹介され…
?
チラシと違うんですけど
現況優先なので～
てへっっっ
帰宅後…
今日の不動産屋、口コミの評判が最悪じゃん！
ガーン
担当者がホントにいい加減です。（ピヨ子）
この不動産屋に行かないで！！（ろんろん）
チラシに嘘ばっかり（よっしー）
ここで契約したことを後悔なう（mimi☆）
今度からは不動産屋自体もきっちりリサーチしようと思うミサであった…

曖昧な宣伝文句に騙されるな！

物件の宣伝文句に隠された意外な落とし穴

「駅から徒歩３分！」「閑静な住宅街で暮らしやすい！」「築浅物件で綺麗です！」……など、賃貸物件の募集広告で使用されるさまざまな宣伝文句。これらに惹かれて契約してみたものの、いざ暮らしてみたら「騙された！」と感じる人も少なくないようだ。

実は不動産屋が使用する宣伝文句には曖昧な表現が多い。その裏に隠されたデメリットを見抜けないと、希望とは異なる物件を紹介されてしまうのだ。こうした事態を防ぐためにも、本項ではありがちな〝宣伝文句の罠〟について紹介しよう。

①「徒歩○分」

最寄り駅から物件までの所要時間などに使用される「徒歩○分」の宣伝文句。これは実際に不動産会社が歩いて計測したものではなく、成人の平均歩行速度である「分速80メートル」をもとに計算されている。つまり、物件から最寄り駅までの道のりが４００メートルならば「駅から徒歩５分」と表記されるわけだ。

【徒歩○分】
「駅から物件まで徒歩○分」と記されていた場合、駅は改札ではなく出入口を基準とする点にも注意したい。都心部のターミナル駅では、駅の出入口から目的のホームに辿り着くまで５〜10分を要する場合もある。

あくまでも単純計算のため、地形や交通事情などは考慮されていない点に注意したい。たとえば駅から物件までの道のりに坂道や階段があると、当然ながら記載された所要時間よりも時間が掛かってしまう。また設置された信号の数も重要で、物件に辿り着くまでの信号すべてで待たされた場合、徒歩5分のはずが帰宅までに10分以上も要することがある。

②「閑静な住宅街」

駅や繁華街から離れた物件の広告で目にする「閑静な住宅街」の文字。これは裏を返せば「周辺に住宅以外、何もない物件」ということだ。スーパーどころかコンビニすら近くにないため、利便性を求める人には不向きと言えるだろう。

ただし、近所に学校がある物件でも「閑静な住宅街」と表記されることがあるので要注意。放課後には校庭で遊ぶ児童や部活の掛け声などが聞こえるほか、物件の前が通学路となる可能性も高い。平日の朝夕は生徒がひっきりなしに往来し、騒ぎ声が響く。住宅街だからと言って「閑静」とは限らないので、事前に周辺施設をチェックしておこう。

③「眺望良好」

高層マンションの宣伝文句ならば問題ないが、低層物件の場合は確実に高台に建てられた物件だ。駅から物件までに坂道や階段があるため、①でも解説したとおり、記載された所要時間

【眺望良好】
「眺望良好」で物件名が「〇〇ハイツ」だった場合は、高確率で高台に位置している。近年では理由もなく「ハイツ」を使用する建物が増えているが、もともとの意味は「高台に位置する集合住宅」である。

よりも時間が掛かることを念頭に置いておきたい。

④「リフォーム済み」

一見、嬉しいプラス材料のように思えるが、単独で「リフォーム済み」と記載されている場合は注意が必要。というのも、極端な例を挙げれば「10年前に壁紙を貼り替えた」だけでもリフォームを謳うことができるからだ。もちろん、不動産屋に尋ねれば教えてくれるだろうが、あらかじめ「いつ・どこをリフォームしたのか」を明記していない不動産屋は、細かい配慮ができないという理由から積極的に利用したいとは思えない。

また、「告知事項」（18ページ）の項でも説明したが、不自然な一部リフォームは過去にその部屋で死亡者が出た可能性もある。「リフォーム」という言葉に安易に飛びつかず、必ずリフォームの時期・箇所・理由を確認しよう。

⑤「日当たり良好」

夏場に契約して、意外と失敗するのがこの「日当たり良好」の宣伝文句だ。太陽の高度は季節によって異なり、首都圏ならば夏至が78度であるのに対して冬至は31度しかない。この結果、夏場は窓から日が差すのに、冬はまったく日当たりが確保できないという物件もある。日当たりを重要視する人は、季節によって日当たりの変化がないかなど、入居者に確認してみるのも

耳当たりのよい宣伝文句がこれでもかと並ぶ不動産屋の物件情報チラシ。言葉の裏に隠されたデメリットを見極めることが重要だ。

いいだろう。ちなみに、会社勤めの人は日中の日当たりはほとんど関係ないため、多少日当たりが悪くても家賃が安い物件を選ぶというのもひとつの手だ。

⑥「築年数」

耐震基準は１９８１年6月1日を境に変更されたため、この日付以降に建設許可を受けた建物は新しい耐震基準に沿って建てられている。つまり、この時期の前後で物件の耐震基準が異なるのだ。

木造ならば１９８１年10月以降、それ以外ならば１９８２年6月以降の物件は、以前の物件よりも耐震性に優れていると言える。

古くて安い物件も魅力的だが、耐震性を考慮するならば「築30年程度」を目安にするといいだろう。

不当表示が満載⁉「物件情報」の正しい見方

物件情報と実際の物件に差異が多い場合は要注意！

不動産会社の店頭や折り込みチラシ、不動産情報サイトなどで目にする物件情報。好条件の物件ならば思わず連絡したくなるが、まずは冷静に記載情報すべてに目を通してほしい。「不動産会社の物件情報」というだけで信用してしまう人も多いが、その情報には嘘や違反行為が隠されていることがあるのだ。左ページに掲載したのは一般的な物件情報チラシだ。実はこのなかに違反行為に抵触する文言が記載されているが分かるだろうか？

正解はⒷの宣伝文句の箇所で、「厳選」や「格安」といった抽象的な用語は、不動産公正取引協議会によって禁止されている。記載する際は「表示内容を裏付ける合理的な根拠を併記する」という条件があり、それがないこのチラシは違反ということになる。

こうした不当表示は物件情報を見ただけでは判断できず、不動産会社を訪れて初めて気がつくことも多い。しかし、担当者の「最近変更した」「間違っていた」などの弁明は、あなたを自社に招き入れるための悪質な手口だ。

物件情報チラシと異なる点が多ければ、それは明らかに悪徳業者である。以下、左図のⒶ

【違反】
首都圏不動産公正取引協議会の違反事例を見ると、毎月のように複数の企業が不当表示や表示事項違反で処分されている。チラシや広告の違反は大袈裟ではなく日常的に行われているのだ。

物件情報チラシの一例

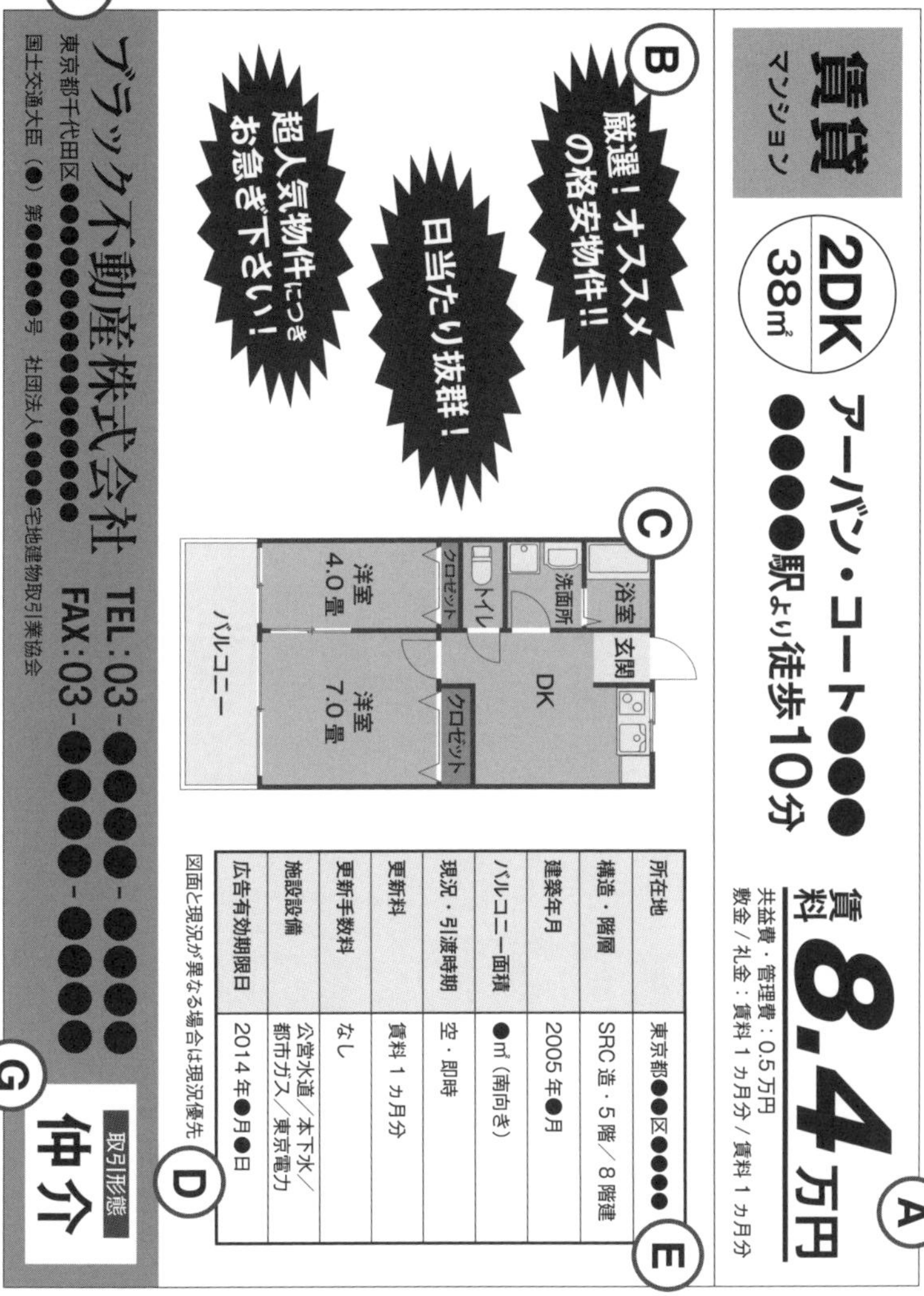
賃貸
マンション
2DK
38㎡
アーバン・コート●●●
●●●●駅より徒歩10分
賃料 8.4万円
共益費・管理費：0.5万円
敷金／礼金：賃料1ヵ月分／賃料1ヵ月分
A
B
厳選！オススメの格安物件!!
日当たり抜群！
超人気物件につきお急ぎ下さい！
C
浴室
洗面所
トイレ
玄関
DK
クロゼット
クロゼット
洋室 4.0畳
洋室 7.0畳
バルコニー
所在地 東京都●●区●●●●
構造・階層 SRC造・5階／8階建
建築年月 2005年●月
バルコニー面積 ●㎡（南向き）
現況・引渡時期 空・即時
更新料 賃料1ヵ月分
更新手数料 なし
施設設備 公営水道／本下水／都市ガス／東京電力
広告有効期限日 2014年●月●日
図面と現況が異なる場合は現況優先
D
E
F
ブラック不動産株式会社
TEL:03-●●●●-●●●●
FAX:03-●●●●-●●●●
東京都千代田区●●●●●●●●●●●●●●●●●●●●●
国土交通大臣（●）第●●●●●号 社団法人●●●●●宅地建物取引業協会
G
取引形態
仲介

～Ⓖの注意事項を紹介していく。騙されて不本意な契約を結ばないよう、不動産会社に問い合わせる際には、事前に見た物件情報と照らし合わせながら確認していこう。

Ⓐ物件概要……家賃、間取り、最寄り駅など主要情報が大きく表示される。家賃の虚偽表示は問題外として、最寄り駅からの所要時間を2～3割短く記載している場合もあるので注意。

Ⓑ宣伝文句……物件の特徴や近隣環境などの付加価値が記載される。興味を惹くような内容が記載されるが、先述の通り抽象的な用語の使用はＮＧだ。

Ⓒ&Ⓓ間取り図……収納は豊富か、洗濯機置き場は室内かなど気になる点を知ることができるが、あくまでもⒹにある通り「現況優先」だ。図面と大幅に異なることはないが、窓や扉の位置が違ったり洋室と和室が逆だったりすることも。現況優先の記載があれば、些細な違いは仕方ないが「洋室10畳」が実は「洋室7畳」だった場合など、実際の部屋よりも広く見せるような表示は不当。ちなみに、カラフルで綺麗な間取り図だと「物件も綺麗」だと思い込んでしまう人も多いが、過度な期待は禁物。建築年やリフォーム状況を確認し、損耗の度合いを予想するのも大切だ。

Ⓔ物件詳細……物件の所在地や設備などの詳細情報が記される。ここで気をつけたいのは、備考欄などにある「ペット相談」「楽器相談」などの文言だ。ペットを飼う場合、敷金が上乗せされることが多いが、その旨を記載していないのは違反なのだ。

ほかにも「保険なし」でも契約時に損害保険料が必要、契約時の鍵交換費用が不記載、月額

【宣伝文句】

「不動産の表示に関する公正競争規約」18条2によれば、「完全、完璧、絶対、万全、日本初、当社だけ、業界一、特選、厳選、最高、破格、格安、激安、投げ売り、完売」などが「抽象的な用語」として挙げられている。

使用料が発生するのに「バイク置場有り」のみの記載、「女性限定」が不記載など、必要な費用や入居者条件に関する説明が不足している場合も違反事項に抵触する。

Ⓕ＆Ⓖ企業情報……企業情報で確認したいのは「取引形態（取引態様）」の部分。この項目では、その物件に関する不動産会社の立ち位置が記されている。

取引形態は大きく分けて「貸主」「代理」「媒介（仲介）」の3種類が存在する。「貸主」は個人あるいは法人の大家（＝貸し主）が直接部屋を貸し出す形態で、「代理」は貸し主に代わって物件を預かっている形態だ。そして「媒介（仲介）」は、貸し主と借り主の間に入って物件を斡旋する仲介業者であり、日本の賃貸市場では圧倒的にこの「媒介（仲介）」が多い。

媒介の場合、初期費用として仲介手数料が発生するため、初期費用をギリギリまで抑えたいのならば「貸主」や「代理」を優先的に探すのも手だ。

なお、媒介には「元付け（の不動産会社）」と「客付け（の不動産会社）」の2種類が存在する。元付けは大家から直接「入居者を探して欲しい」と依頼を受けた不動産会社である。元付けの募集だけで入居者が決まれば問題ないが、なかなか決まらないことも多い。そこで元付けが物件情報を提供し、さらに広範囲で入居者を募る役割を果たしているのが客付けだ。

一般的に、地域密着型の不動産会社には元付けの物件が多く、大手の他店舗展開型には客付けの物件が多い。元付けと客付けの物件の優劣はないが、大家と直接交渉できる元付けの不動産会社の方が、契約時の条件面で融通が利くことが多い。

不動産会社の賢い選び方

「多店舗展開型」は情報量、「地域密着型」は融通性

賃貸物件を探す上で欠かせない不動産会社。家賃・間取り・設備・エリア……など、借り主の条件に見合う物件情報を無料で提供してくれるのだから、ぜひとも有効活用して良い物件に巡り会いたいところだ。ここで手間を惜しみ、「面倒臭いから訪問する不動産会社は1社だけ」などと考える人は、確実に損をすることになる。なぜなら、不動産会社によって扱う物件に差があるほか、同じ物件でも敷金・礼金が異なるケースがあるからだ。より好条件の物件、より初期費用の低い物件を見つけるためにも、必ず複数の不動産会社を訪ねるようにしたい。

賃貸物件を扱う不動産会社は、大きく「多店舗展開型」と「地域密着型」の2種類に分けられる。それぞれのメリット・デメリットは次の通りだ。

【多店舗展開型】

《メリット》

○「情報量が豊富」で広範囲にわたって探すことができる

○接客がマニュアル化されているため、平均的に愛想が良く「担当者による差異が少ない」

○ フリーレント、敷金全額返済などの「サービスが豊富」
《デメリット》
× 歩合制やノルマがある会社は「営業がしつこい」場合がある
× マニュアルや方針が定められているため「融通が利かない」

【地域密着型】
《メリット》
○ 大手不動産会社には出ていない「掘り出し物件」が見つかる
○ 古くから地元の大家と関係を築いているため、家賃の値引き交渉など「融通が利きやすい」
《デメリット》
× 担当エリアが狭いために「情報量が少ない」
× 会社および担当者による「当たり外れが大きい」

多店舗展開型、いわゆる大手不動産会社は、何と言っても豊富な物件情報が強みだ。訪れた支店で扱っていなくとも、コンピューター管理によって別支店の情報をすぐに引き出すことができる。また、近年は競争が激化していることから、自社で契約して貰うためにフリーレントなどの独自サービスを設ける会社が増えている。このため、同じ物件でも仲介する不動産会社によって初期費用が異なる場合も多く、家賃2ヵ月分以上の差が出ることも。しかし、ネックとなるのは積極的な営業だ。言葉巧みに決断を迫ってくるため、押しに弱い人はそのまま契約

【フリーレント】
入居から一定期間、家賃を無料にする契約形態で、期間は1～3ヵ月が一般的。多少の損失よりも、入居者を埋めることを目的としている。家賃を下げて募集すると、既存の入居者から「自分の部屋も安くしろ」という要求が出かねないため、近年はフリーレントを利用する物件が増えている。

に至ってしまう点に注意したい。

一方、地域密着型は地元との関係の強さが最大のメリットだ。大家が「町の不動産屋さん」のみに仲介依頼している場合があるため、大手では見つからないお宝物件が眠っている可能性が高いのだ。さらに、大家と親しい場合は家賃の値引き交渉を手伝ってくれることもあり、何かと融通が利く点が嬉しい。しかし大手とは異なり、従業員の教育が行き届いていない会社も多く、「態度が横柄」や「説明不足」など、ハズレの会社や担当者を引き当ててしまうこともある。

このように、多店舗展開型と地域密着型にはそれぞれメリットとデメリットがある。だからこそ、種類の異なる複数の不動産会社を尋ね、自分に合った会社を探すのが賢明と言えよう。

悪徳会社の手口&セールストークに騙されるな!

不動産会社の店頭に貼られた物件が気になって入店したら、店員は「残念ながら、さきほど決まってしまったんですよ」と、申し訳なさそうな表情……こんな経験はないだろうか。不動産会社のなかには「おとり広告」と呼ばれる架空の物件を掲載し、入居希望者を呼び込む悪徳業者が紛れ込んでいる。もちろん、これは違法行為なのだが、そうとは知らない客は類似物件を次々と紹介されてしまうのだ。似たような例として、すでに契約済みの物件情報を募集中として張り出したままにしておく方法もあり、これらは非常にタチが悪い。1~3月の繁忙期な

賃貸営業マンのセールストーク＆回答例

CASE 1

どのような理由で賃貸物件をお探しですか？

いまの部屋が住みにくいので、より好条件の部屋に引っ越したい

必ず聞かれる質問だが、ここでのＮＧ回答は「更新が近いから」という理由。というのも「更新が近い＝急いで物件を探している状態」と受け取られ、条件面や家賃交渉などの主導権が大家・不動産サイドに握られてしまう。とは言え、「何となく良い部屋がないかと思って」などの回答は冷やかし客と見なされ、相手も協力的な態度になってくれない。本当に切羽詰まった状況でない限り、こちらから更新事情を告げる必要はないのだ。

CASE 2

ほかの不動産屋を回っても結果は同じですよ

残念ですが、今回は諦めることにします（と告げてほかの不動産屋へ行く）

不動産屋によって扱う物件が異なる以上「結果は同じ」ということはあり得ない。事前に条件や相場を調べていれば、ある程度の目星はつくはずなので、気にせずほかの不動産屋を訪ねてみよう。ただし、本当に同じ結果だとしたら、自分の希望条件が厳しすぎる証拠だ。条件を緩めるか、時期を改めて探し直すようにしたい。

CASE 3

ほかにもこの部屋を検討している人がいるので、早く申し込んだ方がいいですよ

ほかにもまだ内見予定があるので、考えさせてください

このフレーズは、店頭での物件紹介や内見時の常套文句。繁忙期ならば事実の可能性も高いが、ここで焦って申し込みしてしまったら相手の思う壺だ。物件との出会いは縁である。もしも迷っている間に申し込まれてしまっても、「縁がなかった」程度の心構えで根気強く探し続けよう。

らば、本当に「さきほど決まった」のかもしれない。だが、これ以外の時期で店員からこのフレーズが飛び出したら、おとり広告の可能性を疑った方がいいだろう。

ほかにも、不動産会社には定番のセールストークがあり、時間がなく焦って部屋探ししている人はうっかりその言葉にのせられてしまう。63ページに代表的なセールストークを紹介しているので、騙されて契約を急がないように注意してほしい。

インターネットで物件を探すコツ

いまやインターネットで簡単に賃貸物件を探せるようになった。気になる物件があれば、そのままネット上で問い合わせできるし、不動産会社に足繁く通う労力も大幅に減少した。しかし、それはあなた以外の入居希望者も同様だ。良い物件が埋まる速度はネット普及前よりも格段に早まったため、より効率的に物件を探す方法が求められるのだ。

そこで憶えておきたいのが、数ある賃貸情報サイトのなかから優先的に訪問すべきサイトだ。一見、似たような賃貸情報サイトでも、運営元が異なれば当然ながら更新速度も異なる。左図に優先すべきサイトと詳細を記したので、これを参考に巡回するといいだろう。なお、先述の通り初期費用は仲介業者によって異なる場合があるため、気になった物件は複数のサイトで詳細を調べ、最も条件の良い不動産会社に連絡を入れるのも賢いテクニックだ。

賃貸情報サイト巡回時の優先度

優先度	★★★★★	不動産会社と直結したポータルサイト
特徴	情報の更新速度と正確さはピカイチ	
■ at home	http://www.athome.co.jp/	
■不動産ジャパン	http://www.fudousan.or.jp/	

優先度	★★★★☆	大手賃貸不動産会社の運営サイト
特徴	総合情報サイトに未掲載の独自物件を扱っている	
■アパマンショップ	http://www.apamanshop.com/	
■エイブル	http://www.able.co.jp/	
■ミニミニ	http://minimini.jp/	

優先度	★★★☆☆	情報企業が運営しているポータルサイト
特徴	情報量は文句ないが更新速度に難あり	
■ HOME'S	http://www.homes.co.jp/	
■ CHINTAI	http://www.chintai.net/	

優先度	★★☆☆☆	不動産会社の自社ブランドサイト
特徴	自社ブランドが中心のため選択肢が少ない場合も	
■いい部屋ネット	http://www.eheya.net/	
■ MAST-WEB	http://www.mast-net.jp/	

優先度	★☆☆☆☆	大手ポータルサイトの賃貸情報ページ
特徴	情報の更新速度が遅いので「相場を調べる」程度の利用に留めたい	
■ Yahoo! 不動産	http://realestate.yahoo.co.jp/	
■ goo 住宅・不動産	http://house.goo.ne.jp/	

「悪徳管理会社」と「モンスター大家」に要注意！

「悪徳管理者」が住人の質の低下を招く

賃貸飽和時代に突入した現在、不動産業界では入居者の獲得競争が激化している。礼金ゼロはもちろんのこと、フリーレントや引越費用の負担など、初期費用を抑えるサービスで入居者を呼び寄せているのだ。しかし、ときとして〝釣った魚に餌をやらない〟ケースも見られ、管理に手を抜く物件は「スラム化」を招いてしまう。

そもそも物件の管理は管理者（管理会社または大家）が担当している。仕事内容は共用スペースの清掃、各設備の点検、故障した設備の修繕、隣人トラブルの対応……など多岐にわたる。管理が甘ければ住み心地が悪くなり、当然ながら退去を検討する住人も出てくるわけだが、これがスラム化による負のスパイラルのはじまりだ。

共用スペースが汚い、室内の欠陥が放置されたまま――もしも内見時に目に余る点があれば、住みたいと思う人は少ないだろう。管理が行き届いていない物件は、次の入居者がなかなか決まらないものだ。すると管理費の減少によって、ますます管理はずさんになっていく。一方、そんな状況下でも入居者を呼び込むため、貸し主は入居条件や入居審査を甘くする。その結果、いつの間にかその物件で暮らす住人の民度が低下してしまうのだ。

ずさんな管理でスラム化を招いた物件には、暴力団関係者や詐欺会社が入居することが多い。たとえ審査時に不審な点に気がついても、貸し主側は知らなかったフリをして空室を埋めることを優先するのだ。柄の悪そうな人が頻繁に出入りするようになるほか、ルールを守らないゴミ捨てや違法駐車など、さまざまなトラブルが目に見えて増えていく。こうした事態を避けるためにも、内見時には管理が行き届いているかを必ずチェックしておきたい。「家賃が安いからここに決めよう」などの甘い考えは、遠からず自分の首を絞めることになるのだ。

なお、管理者の対応があまりに酷かったら、消費生活センターや管理会社が登録している宅地建物取引業協会に相談してみよう。また、各都道府県の窓口に相談するのも効果的だ。行政指導を繰り返し受ければ、宅地建物取引業の免許を剥奪されるおそれもある。多くの場合、これらの方法で管理会社の対応は大幅に改善されるはずだ。

「モンスター大家」の過剰干渉

一方、近年増加中のモンスター大家にも注意したい。モンスター化する大家の多くは定年退職した60代後半。リタイヤ後、管理に集中するようになって入居者に対して過剰干渉を行うようになるのだとか。環境としては同じ建物内に大家が住んでいるケースが目立ち、ときには物

【宅地建物取引業協会】
不動産会社の約8割が所属している業界団体で通称「宅建協会」。各都道府県に社団法人の宅建協会が存在し、適正な運営を図るための指導や業務支援などを行っている。

理的・精神的な嫌がらせに発展することも……。東京都のアパートに住むHさん（20代男性／学生）は、入居後に知らされたルールに驚いたという。

「ある週末、友人を家に泊めたら同じアパート内に住む大家さんが怒鳴り込んできたんです。『訪問者がある際には大家に報告する決まりだ』と言われてビックリ。そんなルール初めて聞きましたし、騒いでいたわけでもないのに『早く帰らせろ』ですからね。そもそも、僕の部屋に友人がいることにどうして気がついたのか。つねに監視されているようで気味が悪いです」

ほかにも、ゴミは必ず袋から出してチェックし、「分別できていない」とクレームをつける、カーテンの色に文句をつける、女性入居者の洗濯物を見て下着について言及する、夜に玄関照明を点けていると怒るなど、モンスター大家の暴走は枚挙に暇がない。物理的な被害を受ければ訴訟も考えられるが、多くの場合は入居者が泣き寝入りしてしまう。更新を拒否される可能性も高いので、モンスター大家を引き当ててしまった際は早々に引っ越すのが賢明だ。

また、モンスター大家でなくとも考えられるトラブルが、更新時に大幅な家賃の値上げを要求されること。おもに古い物件に見られる例で、その理由は「建て替えしたいから退去させたい」というものだ。通常の賃貸借契約では、家賃の変更は双方の合意が必要である。交渉の余地があるので、値上げの理由を尋ねるようにしよう。もしも建て替えが理由だったとしたら、貸し主側の一方的な都合だ。その際は入居者の権利として引越費用などを貸し主側に請求できるので、家賃の値上げを要求されたら必ず納得いくまで話し合うようにしたい。

ずさんな管理が「物件と住人の質」を低下させる！

管理者の対応がずさん

入居者から「設備が故障した」「隣人の騒音で眠れない」などの報告を受けても、対応が不充分 or 適切な対応をしない。

↓

退去率の増加

管理に不満を抱いた入居者が相次いで退去する。残された住人は、経済的な事情で引っ越しできない人か、トラブルを起こした張本人である可能性が高い。

↓

物件の質が低下

入居者が減ったことにより、家賃収入および管理費が減少。設備や構造の問題など、最低限の品質維持も難しくなり、物件そのものの質の低下を招く。

↓

入居条件・審査の緩和

物件の質が低下したことで入居希望者が減少。それでも入居者を呼び込むために、入居条件と入居審査を緩くする。

↓

住人の質が低下

条件と審査の緩和により、必然的にモラルの低い住人や訳アリの住人が集まるようになる。酷い場合には、暴力団関係者の入居や詐欺グループの事務所として使用される可能性も !?

管理者の対応に不満があった際の相談先

■独立行政法人 国民生活センター
【TEL】0570-064-370
【URL】http://www.kokusen.go.jp/map/

■宅地建物取引業協会または全日本不動産協会
※管理会社が登録している協会へ連絡

■都道府県庁の相談窓口
※「建築課」や「住宅課」など、自治体によって担当部署名は異なる

知っておきたい賃貸の基礎知識

意外と知らない!?「入居&退去」の手順

快適な賃貸ライフを送る上で知っておきたい基礎知識。いざというときに慌てないよう、最低限の情報を押さえるとともに、意外と知らない素朴な疑問についても解説していこう。

【入居の流れ】

①物件情報の入手……不動産屋の店頭や賃貸情報サイトなどの募集告知、あるいは不動産屋を訪れて希望する物件の募集情報を入手する。情報の公開は、新築ならば「完成直前」、中古物件ならば「退去者が出る時期」に行われる。そのほかの詳細は本章の56ページで解説しているので、そちらも参考にしてほしい。

②問い合わせ&物件下見……興味のある物件を見つけたら、不動産会社に問い合わせ、または直接訪問して物件の下見(内見)を依頼する。すでに入居者が決定している場合もあるが、その際は類似物件を紹介してくれる。内見の注意点に関しては100ページを参照。

③入居の申し込み……複数の物件を内見して入居したい物件を決めたら、不動産会社から入居条件などの説明を受けた上で申し込みの手続きを行う。このとき、申込書とは別に収入証明

書や連帯保証人の印鑑証明書の提出を求められることもある。これらの書類は大家に届けられ、ここで初めて大家は入居希望者の詳細を知ることになる。

④入居審査……不動産会社と大家が、それぞれ「この人を入居させても問題ないか」をチェック。職業、勤務先、収入、連帯保証人の有無などに目を通すが、最も重要視されるのが「家賃の支払い能力」だ。たとえば家賃10万円の物件に年収200万円前後の人が申し込んだら、家賃滞納の可能性が考えられるために「入居は不適切」と判断されることが多い。また、募集時に告知した入居条件を満たしているかも審査される。「ペット不可」の物件に「犬を飼っているが、入居を許可して欲しい」という希望者がいたら落とされる可能性は高いが、飼っている生き物が「熱帯魚」や「ハムスター」など小動物の場合は交渉次第で許可されることもある。

⑤賃貸契約……審査に合格すれば、次は賃貸契約の手続きだ。契約は「物件や条件の説明」を受けた上で「署名・捺印」の流れで、物件や条件の説明では「重要事項説明（物件の説明）」と「契約説明（条件の説明）」の2種類が行われる。専門用語が多くなるが、分からない点については必ず噛み砕いて説明して貰うようにしよう。また「申込時と条件が異なる」「初めて聞く条件が盛り込まれている」などの点についても必ず説明を求め、すべてに納得してから署名・捺印するように。

⑥入居……契約を終えたら、いよいよ入居。一般的に、入居に必要な費用を支払ったあとで鍵を受け取ることができるが、鍵を受け取った日から家賃が発生することが多い。

【家賃の支払い能力】

家賃を支払えるだけの年収があったとしても、入居希望者の職業が「フリーランス（自由業）」だった場合、収入が不安定との理由で貸し主から敬遠されることがある。

【退去の流れ】

①退去の連絡……管理者（大家または不動産会社）に連絡し、書面が必要な場合は記入して提出する。なお、連絡を入れる前に必ず「賃貸借契約書」を確認しよう。「解約の際、退去の○日前までに連絡すること」という「事前予告」や、「起算日から○日分の賃料を支払うこと」という即時解約に伴う「違約金」など、解約時に必要な条件が記載されている。これらを守らないと、どれだけ急いで退去したくても解約できないので要注意。

②退去日・退去立会日の決定……最短の退去日を確認し、自分の都合や引越予定などと照らし合わせて退去日を決定・連絡する。なお、退去に際して管理者の立ち会いが必須となるので、合わせて退去立会日も決める。一般的に、引越と立ち会いを同じ日に設定することが多い。

③引越&退去立ち会い……退去する部屋の荷物を片付けたら、管理者による退去立ち会いを行う。立ち会い終了後に鍵を返却するのが一般的。予定が合わない場合、管理者が単独で部屋を確認することがあるが、損耗や修繕に関する意見交換ができずに敷金トラブルに発生することもある。引越を伴うために忙しくなる時期だが、可能な限り立ち会いに同行できるようにしたい。

④退去清算……立ち会いの見積もりが確定したら、修繕費用の清算が行われる。入居時に支払った敷金から修繕費用を引き、残った金額が指定口座に振り込まれる。修繕費用が敷金をオーバーした場合（または敷金ゼロの場合）、退去者が不足分を支払うことになる。敷金の変遷

時期は、退去日から1ヵ月程度が一般的。なお、敷金トラブルについては5章の146ページで詳しく解説しているので、そちらも参考にしてほしい。

【入居中のトラブルは誰に連絡すればいい？】

鍵の紛失、隣人トラブル、設備の故障など、入居中に問題が起きた際は「管理者」に連絡して対応してもらう。そのため、契約時に「管理者が誰なのか」を必ず確認しておくことが大切だ。賃貸契約を不動産会社で行ったとしても、そこが客付けの仲介業者だった場合、入居後の管理はノータッチ。大家や管理業者など、しかるべき管理者に連絡しなくてはいけない。

なお、水道トラブルなど即時の修繕が求められる場合は、先に業者を呼んで対応してもらったのちに、管理者に修繕費用を請求することが可能。ただし、これは「入居者の過失ではない」と認められたときの話であり、故障原因が入居者にある場合は自己負担となる。

【入居中の模様替えはどこまでOK？】

「不便だから変更したい」「こんな設備があれば便利なのに」など、ふと入居中に検討したくなる模様替え。通常、退去時に自分の費用で戻せる範囲ならば、模様替えすることができる。ただし、模様替えに関するルールは物件によって異なるので、必ず賃貸借契約書を確認しよう。

《大家（管理者）の許可が必要なもの》……壁紙の張り替え、エアコンの設置（水抜きが用意されていない物件の場合）、ペンキによる塗り替え、新しい設備の設置……など

《大家（管理者）の許可が不要なもの》……電球の交換、照明器具の交換（退去時に戻すこと）、

蛇口コックの交換、温水洗浄便座の設置（トイレに電源がない場合は許可が必要）……など

【引越で住所変更するときに報告が必要なのは？】

引越の際、意外と忘れがちなのが各所への住所変更の連絡。「今度やればいいや」の精神だと、時間が経つほど面倒になるもので、引越時にすべて済ませておきたいところだ。

まず大切なのは「住民票の移動」。旧住所の役所で転出届、新住所の役所で転入届を出す必要がある（同じ市区町村で引っ越す場合は「転居届」のみでOK）。この手続きは新住所に引っ越してから2週間以内に行うこと。住民税の計算が不自然になるほか、面倒な事態に発展することがある。また、住民票の移動と同じくらい大切なのは郵便局への「転送届」。この手続きを済ませれば、1年間に限り旧住所に届いた郵便物を新住所へと転送してくれる。転送された郵便物があれば、住所変更の連絡を忘れた機関も確認できる。ただし、免許や資格の更新案内など、数年に1度しか送られてこないものは、案内を受け取れずに失効する恐れもあるので要注意。

そのほか、住所変更を報告すべきおもな連絡先は「水道（旧住所の営業所へ使用停止の依頼）」「電気（旧住所の営業所へ使用停止の連絡）」「ガス（旧住所の営業所へ使用停止の連絡、新住所の営業所へ使用開始の連絡）」「固定電話（移転工事の依頼）」など。金融機関や携帯電話会社、保険会社など、定期的に明細などが送られてくるところへの連絡も忘れずに。

【契約時、家賃以外に支払うお金は？】

金額名	金額の目安	詳細
仲介手数料	家賃の 0.5～1ヵ月分	賃貸物件を借りる際、仲介した不動産会社に対して支払う手数料。
礼金	家賃の 0～2ヵ月分	大家に対して支払う手数料。近年は礼金ゼロの物件が増えているが、東京を中心とした首都圏ではいまだに礼金を支払う文化が残っている。
敷金	家賃の 0～6ヵ月分	家賃滞納や退去時の修繕費用など、不測の事態に備えて預ける費用。関西や九州の一部地域では「保証金」と呼ばれ、家賃3～6ヵ月分が必要な場合もあるが、その他の地域では家賃1～2ヵ月分が一般的。
保証金・敷引き	物件に より異なる	関西や九州の一部地域で「保証金（敷金）」を支払う際、退去時に一定の金額を差し引かれる仕組みが「敷引き」だ。たとえば「保証金30万円（敷引き10万円）」の場合、退去後の修繕費用が10万円未満だったとしても、敷引き分の10万円は返還されない。
火災保険料	2年間で 1～3万円	入居者が原因で火災や水漏れなどの損害を出したときのため、保険会社に支払う保険料。
保証料	家賃の 0.5～1ヵ月分	連帯保証人に保証会社を利用する際、保証会社に支払う手数料。

賃貸契約時、家賃以外にもさまざまな費用を支払う必要がある。おもな費用は上の表の通りだが、ほかにも鍵の交換を入居者負担とする「鍵交換費（1～2万円程度）」、対象物件が自治会に加入している際に支払う「自治会費（入居時一括払いの場合は、年間数千円程度）」などがある。

また、集合住宅にガスや水道のメーターがひとつしかない場合、毎月戸数で割った平均使用量を管理者に支払うが、入居時に前払い分が発生することも。このほか、集合住宅全体が加入しているケーブルテレビや特別な共用施の使用料・加入料など、物件によって細かい初期費用が発生する。

これらは契約時に必ず説明があるので、不自然に感じたら徴収理由を確認しよう。交渉次第では負担しなくて済む場合もある。

COLUMN 02

意外と知らない!? 混同しやすい賃貸用語

不動産屋ごとに呼び名が変わる!? 「マンション」と「アパート」

賃貸情報チラシに記載されている「マンション」か「アパート」の種別。築年数や面積などの条件が同じだった場合、マンションの方が家賃が高いケースがほとんどだが、実はマンションとアパートには明確な定義は存在しない。

そもそも英語圏のマンションは「豪邸」を意味し、アパートは「賃貸住宅」全般を指す言葉だ。あくまでも日本の不動産業界において、独自に使い分けている和製英語に過ぎないのだ。

とは言え、一定の判断基準は存在し、それは〝建物を支える主要部分にコンクリートを使用しているか否か〟である。一般的に、鉄筋コンクリート造（RC）あるいは鉄骨鉄筋コンクリート造（SRC）の集合住宅を「マンション」、木造や鉄骨造の建物を「アパート」と呼んでいる。構造上の違いから、マンションの方が耐震性や遮音性に優れていることが多い。このため、アパートよりも家賃が高くなりやすいのだ。

しかし注意したいのは、定義が明確でない以上、どちらの種別で表記するかは不動産会社の判断に委ねられることだ。もちろん、立派なSRCの集合住宅をアパートと称することはないが、懸念すべきは逆のパターン。つまり、実はアパートなのに、マンションとして入居者を呼び込む不動産会社が存在するのだ。

そもそも建築基準法には「木造は3階までしか建ててはいけない」という決まりがあり、木造の集合住宅は2階建てが主流だ。このため、さきほどの判断基準に追加するならば、アパートは〝2階建て以下〟の木造か鉄骨造なのだ。

近年、建築技術の向上により、木造の3階建て集合住宅も増えている。しかも外観はマンションと比較しても遜色はなく、既存の木造アパートのイメージとは大きく異なっている。しかし重要なのは、たとえマンションに見えたとしてもコンクリート造ではないということだ。

築年数によって差はあるものの、遮音性や耐震性に関しては、やはり木造よりもRCやSRCの方が優れている。「木造」や「鉄骨」と記載されているのに、種別が「マンション」として募集されていたら、遮音性のチェックは念入りに行うようにしよう。

住むならドッチがお得？「分譲賃貸」と「賃貸専用」

マンションの情報チラシなどで、しばしば見掛ける「分譲賃貸」の宣伝文句。なぜ分譲賃貸がウリになるかというと、一般的な賃貸専用タイプに比べて建材や設備面のグレードが高いからだ。

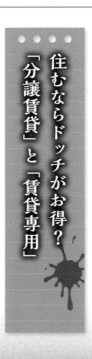

そもそも分譲賃貸は、個人や法人の投資用として建てられたマンションだ。エントランスなどの共用部分はもちろん、室内のキッチンや風呂場に至るまで、グレードの高い設備を整えることで家賃を高めに設定し、投資家が安心して運用できるように設計されている。

同条件で検討している物件が賃貸専用と分譲賃貸だったら、分譲賃貸タイプを選んだ方がより快適に暮らせるかもしれない。

ただし、分譲賃貸で注意したいのは、建物全体を複数の所有者が管理している点だ。そのため、貸し主に許可を得た行為であっても、最終的に優先されるのは管理規約である。たとえば、貸し主から「バルコニーでのバーベキューOK」と言われても、管理規約で禁止されていたら規約を守らなくてはいけない。大きなトラブルに発展することは稀だが、必ずマンション全体の管理規約や禁止事項に目を通すようにしよう。

境界の目安は8畳から!? 「LDK」と「DK」

同じ物件でも、仲介する不動産会社によって「LDK」と「DK」の表記が異なる場合がある。L・D・Kとは、それぞれリビング（居間）・ダイニング（食堂）・キッチン（台所）を意味し、LDKは「居間兼食堂＋台所」でDKは「食堂＋台所」である。

しかし、両者を区別する明確な定義はなく、あくまでも目安として「8畳未満をDK」、「8畳以上をLDK」と呼んでいるに過ぎない。設備面の充実度などとは無関係なので、とりたてて気にする必要はないと言える。

ただし、日本では部屋の広さに「畳」を使用するので、これには要注意。畳は京間・江戸間・団地間など複数の種類が存在し、それぞれ1畳あたりの大きさが異なる。最も大きい京間の8畳は約14・5㎡だが、最も小さい団地間の10畳は14・4㎡で、団地間10畳と京間8畳はほぼ同面積なのだ。内見時に「想像よりも狭い……」とガッカリしないように、物件の問い合わせ時に畳の種類も確認しておくといいだろう。

第3章

欠陥だらけの建物

―こんな物件は借りてはいけない―

色々大変だな～
部屋探しやめちゃおうかな～…
ねちねち
むくっ
でも…
この部屋こそある意味事故物件なんだよな～
雨漏りの跡
ガタッ
壁が薄くて隣の物音が聞こえる
なんでこんなトコに決めたんだろ…
頑張って新しい部屋見つけるしかないよねえ…
ピチョン…
※バケツ常備
一度、高級タワーマンションでも見てみるか
後学のためにね…

どーん
嗚呼！
さすがお家賃
35万円！
プール!?
1泊でいい…
泊まりたい♡
あれ…
でも何か…
ほらっ
行くの
ヤダァ!!
学校ヤダァ
ビタンッ
はぁ…
タワーマンションに
住めても、必ず
幸せになれるわけ
じゃないんだ
はぁ…
¥60,000
¥35,000
自分の身の丈に
合った部屋が
一番てことか

生活が筒抜けとなる壁薄物件

隣人の目覚まし時計の音で目が覚める！

賃貸物件のなかでも、とくにアパート入居者に多い悩みが「壁の薄さ」による騒音問題だ。隣人が大声で騒いでいるならまだしも、壁薄物件ではただ普通に暮らしているだけの生活音が筒抜けとなる。

階段の上り下り、玄関の開閉音、トイレやシャワーの水の音、テレビや電話の声……など、あらゆる生活音を耳にするうちに、いつの間にか隣人の生活パターンが分かってしまうほど。近所付き合いの希薄な都会では、しばしば「隣に住む人の顔も知らない」などと揶揄されることがある。しかし、壁薄物件では隣人の顔を知らずとも、生活音から「どのような人が、どのような生活を送っているか」をおおよそ把握できてしまうのだから奇妙な話である。

かつて東京都小平市で壁薄物件に住んでいたKさん（20代男性・会社員）は、当時の〝筒抜け生活〟を「本当に憂鬱だった」と振り返る。

「隣人が起床時間がとにかく早かったんです。僕は7時過ぎに起床すれば出社に間に合うのですが、毎朝5時に隣の部屋から目覚まし時計が鳴り響く。まるで耳元で鳴っているかのようなな轟音なので、僕も毎朝5時に目が覚めてしまいました。寝不足に悩んだ結果、就寝時間を早くすることで対応しましたが、なぜ隣人の生活リズムに合わせなくてはいけないのかと……」

ほかにも、「インターホンが鳴ったので玄関を開けたら、隣の部屋の音だった」「恋人を連れ込んだ隣人の〝夜の生活〟が気になって眠れない」など、Kさんが体験した壁薄エピソードは枚挙に暇がない。仮に隣人が過剰に騒いでいるならば、不動産屋や大家に相談することもできるだろう。しかし、聞こえてくるのは生活音なので、我慢するしかないのが辛いところだ。

さらに壁薄物件では、自分の生活音も筒抜けになる点がネックだ。たとえ騒音が気にならなかったとしても「自分の生活音が隣人に聞かれるのは落ち着かない」という人は意外と多い。かと言って、音を立てないように気を遣う生活は想像以上のストレスである。

また、壁の薄さで困るのは音の問題だけではない。

「外壁が薄いせいか、冬場は室内が異常に寒いんです。暖房をつけてもなかなか暖まらないし、暖まっても外に面した壁側は寒いまま。多少の不都合には目をつぶって安いアパートに決めましたが、冬場の電気代が非常にかさみました」

この例が示すように、壁の薄い物件は断熱材が不足している（あるいは皆無な）ことが多い。これは欠陥住宅ではなく、賃貸物件の建設費用を削減した結果である。また、壁の薄さは戸数を増やす目的もある。一般的に遮音性の高いマンションは界壁の厚さが150㎜以上といわれているが、アパートでは100㎜未満の壁も珍しくない。「可能な限り壁を薄くすれば、1フロア当たりの戸数をひとつ増やせる」となれば、戸数を増やすことを優先するのが貸し主側の心情なのだ。

こうした壁薄物件を避けるためにも、内見時に注意すべきふたつのポイントを紹介しよう。ひとつ目は単純に「壁をノック」してみることだ。壁が薄い場合、音そのものが軽かったり、叩いた音が室内に響いたりする。ふたつ目は「室内の反響」だ。内見時に不動産屋の担当者と会話しながら、室内での声の反響に耳を澄ませてみよう。不自然に反響していたら、それは音が吸収されていない証拠であり、「壁のつくりが甘い＝壁が薄い」ということになる。

とは言え、遮音性の高い物件は総じて家賃も高くなりがちだ。誰でも予算には限界があるため、どこかで折り合いを付けることも必要だろう。そこで注目したいのが、少しばかり壁が薄くても〝独立性の保たれた物件〟だ。独立性の保たれた物件とは「隣の部屋との接地面が少ない物件」のことで、互いの音が聞こえにくいというメリットがある。

具体的な例を挙げれば、「2階建てアパートの全4戸で階段の構造が内階段」や「角部屋で隣と接する壁側にクローゼットがある」などの物件だ。もちろん、こうした物件は家賃が高くなることもあるが、遮音性の高いマンションに比べれば予算の範囲内で充分に見つかるはずだ。

そのほか、隣の部屋の間取りがまったく同じなのか、それとも線対称のような間取りなのか。それに応じて片方の壁側に家具を集中させるなど、壁薄物件でも遮音性を高める方法もある。物件選びと工夫次第で、多少の壁の薄さならば気にせずに生活することは可能なのだ。

住んでから気づく遮音性の不満

賃貸選びで重視する点（複数回答可）

1位	間取り	79.0%
2位	トイレと洗面脱衣室の分離	59.2%
3位	部屋の数	56.6%
4位	駐車場	56.0%
5位	全体の収納量	55.6%
6位	**防音**（上下の音や隣の家の音）	50.2%
7位	採光	49.2%
8位	通風	46.4%
9位	キッチン（大きさや配置）	45.6%
10位	耐震性	43.4%

賃貸物件で不満に感じる点（複数回答可）

1位	**防音**（上下の音や隣の家の音）	38.4%
2位	全体の収納量	34.2%
3位	キッチン（大きさや配置）	26.2%
4位	収納の配置や使い勝手	22.6%
5位	テラスや庭	21.2%
6位	内装・インテリアデザイン	19.8%
7位	間取り	19.0%
8位	外観デザイン	17.0%
9位	ペット対応	16.6%
10位	部屋の数	16.4%

CHECK!

物件を選ぶ際に重視する点では「防音」は6位だが、いざ住んでみると「防音」が不満点のトップに

出典：積水化学工業『2011 賃貸住宅の入居者ニーズ実態調査』より作成

倒壊の危険性をはらむ漏水トラブル

老朽化以外の原因でも起こりうる漏水の恐怖

「昔住んでいた〝貧乏アパート〟が酷かったんですよ。雨漏りはするし、天井からはパラパラと木くずが落ちてくる。歩くたびに床が沈むような感覚があり、実際に床を踏み抜いたこともありました。いつかアパートが倒壊するんじゃないかと怯えながら暮らしていました」

このように語るのは40代の男性会社員Aさん。学生時代、東京郊外に借りていたアパートでの体験談だが、彼が退去した数年後に取り壊しが決定。現在は1階にコンビニエンスストアの入った5階建てマンションに建て替えられたそうだ。

「天井から木くずが落ちる」や「床が抜ける」などの被害は、古い木造アパートならば仕方がないように思える。Aさん自身も「家賃が破格の安さだったので、ある程度の欠陥は覚悟の上で借りた」そうだ。しかし、こうしたトラブルは新築マンションでも起こり得る話だ。なぜなら、原因の多くは雨漏りや水漏れといった〝水関係の欠陥〟であり、築年数とは無関係に発生するからだ。

水関係の欠陥を放置すると、構造部分の腐食へと繋がる。最初は天井や壁紙にシミが出る程度だが、柱や基礎部分に浸食が及べば耐震性を大きく損なうことになるのだ。柱が腐食して柔らかくなればシロアリを呼び寄せる原因にもなり、最悪の場合は倒壊もあり得る。

漏水トラブルは「防水箇所の劣化」「外壁の繋ぎ目に生じた亀裂」など、経年変化がほとんどだと誤解されがちだが、それは間違いだ。新築でも防水処理が不充分ならば、一年も経たずに最悪の結果が訪れる。たとえば「水を吸った断熱材の重みに耐えきれず、天井が落ちてきた」という例は新築物件で多数報告されており、腐食していなくても漏水の影響で簡単に崩れてしまうのだ。

また、断熱材を用いた物件では結露による被害も目立つ。近年、外断熱工法の需要が高まっているが、その一方で防水処理の甘さも目立っている。雨漏りは気づきやすいが、壁や天井の内側に発生する結露は確認できない。

壁紙が浮きはじめた頃には手遅れで、壁紙をめくると壁一面がカビで埋め尽くされているのだ。カビ被害は腐食以外にも異臭や健康被害が考えられ、シックハウス症候群をはじめとしたさまざまな病気を引き起こす恐れがある。

漏水トラブルで疑われるのは欠陥よりも入居者!?

水関係の欠陥で面倒なのは、しばしば上下階の入居者や大家を巻き込む大騒動へと発展する

【シロアリ】
材木や農作物を加害する害虫として知られる。土の中にコロニーをつくり、建築物の土台や柱を行き来し、木の柔らかい部分を食害する。建材の表面を残して食べ進む特徴があるため、発見が遅れて被害が大きくなることが多い。

ところだ。東京都S区にある賃貸アパートの2階に住んでいた大学生Tさんは、ある夜、下の階で鳴り響いた火災報知器の音に驚き、飛び起きたという。

「慌てて部屋を出たのですが、火や煙の気配もなく、何事かと思いました。すぐに消防車が駆けつけたのですが、原因は『火災報知器の誤作動』だったそうです」

火災報知器は漏水による誤作動が多く、真っ先に疑われたのは上の階に住むTさんだった。大家と消防士が彼の部屋を確認しても、水漏れの原因は不明のままだったが、不運だったのはTさんが部屋で熱帯魚を飼っていたことだ。

「消防士が『水槽を倒して床に水が広がれば、漏水が起きる可能性もある』と言い出したせいで、大家さんは僕を犯人だと決めつけました。もちろん、一度もそんな事実はなかったのですが……」

欠陥による水関係のトラブルが多いのは事実だが、入居者の不注意で起こる漏水も非常に多い。大家が疑いたくなる気持ちも分からなくはないが、濡れ衣を着せられた側はたまったものではない。

結局、火災報知器が誤作動を起こした原因は分からずじまいで、上の階からの水漏れも確認できなかった。このため、損害賠償を請求されるという最悪の事態は免れたが、気まずくなったTさんは翌月に部屋を引き払ったという。

もしも火災報知器の誤作動の原因が漏水だったとしても、必ずしも上の階が原因とは限らな

【火災報知器】
2006年に改正消防法が施行され、新築物件に住宅用火災報知器の設置が義務づけられた。既存住宅においても、2011年までに設置することが義務づけられた。

い。原因不明とされる漏水をくまなく調べた結果、漏水箇所から10m以上も離れた場所が原因だったという例も珍しくないのだ。Tさんのケースもこれに該当するかもしれないし、壁や天井裏に結露が溜まりやすい物件だったのかもしれない。

「あとから思い出して後悔したのですが、かつて大雨の日に僕の部屋の火災報知器から水滴が垂れてきたことがありました。何度も続けば大家さんに報告するつもりでしたが、雨漏りは僕が暮らした4年間で一度だけ。しかもコップに1センチ程度の水が溜まったところで収まり、とくに被害もなかったのですっかり忘れていました。でも、あのとき大家さんに伝えていれば、僕が疑われることもなかったはずです。いま思えば、僕は欠陥を見逃していたんですね……」

彼が住んでいたアパートは築20年前後だったが、天井に雨漏りのシミもなく、カビによる異臭も感じなかったそうだ。目立った問題は火災報知器からの雨漏り一度だけであり、これが唯一の欠陥を知らせるサインだったわけだ。

内見時、天井に不自然なシミなどがあれば、雨漏りの可能性を疑うことはできる。しかし、実際には住んでからでないと分からないことがあまりにも多すぎる。

すぐに被害が出なくても、漏水は大きなトラブルに発展しかねない。シミ、カビ臭、そして雨漏り……何かしらの異変に気づいたら、すぐに大家や不動産屋に報告するよう心掛けたい。

タワーマンションは流産や引きこもりが多い!?

高層階で5年以上暮らすと妊婦の4割以上が流産する!?

1997年、高層住宅の規制緩和によって建設ラッシュがはじまったタワーマンション。かつて戦後の団地ブームがハイソサエティの象徴となったように、現在ではタワーマンションに住むことを一種のステータスと捉える人は多い。入居希望者が重視するポイントのひとつは「眺望」であり、高層階ほど人気は高くなるという。都市部では一軒家よりも不動産取得が容易なことから、若年層夫婦の入居が目立ち、これは分譲賃貸においても同様だ。

しかし、将来的に新しい家族が増えるであろう若い夫婦だからこそ、タワーマンションの入居は避けるべきかもしれない。というのも、「高層階に住む女性は流産・早産の確率が高くなる」という驚くべき説が唱えられているからだ。

同説の提唱者は、東海大学医学部講師の逢坂文夫氏。逢坂氏は「生活形態における健康影響」を研究しており、シックハウス症候群を日本で最初に提唱した人物でもある。そんな彼が高層階と流産の危険性を初めて提唱したのは1994年のことだ。

当初、逢坂氏が調査しようとしたのは「階段と流産率の関係性」だった。当時は「階段の上

【逢坂文夫】
1949年、秋田県生まれ。東海大学医学部講師（基盤診療学系・公衆衛生学）。1974年、北里大学大学院衛生学部修士課程修了。おもな著書は『長男・長女はなぜ神経質でアレルギーなのか』（講談社）、『コワ〜い高層マンションの話』（宝島社）など。

階層別の妊婦の流産・死産率

1994年の調査結果

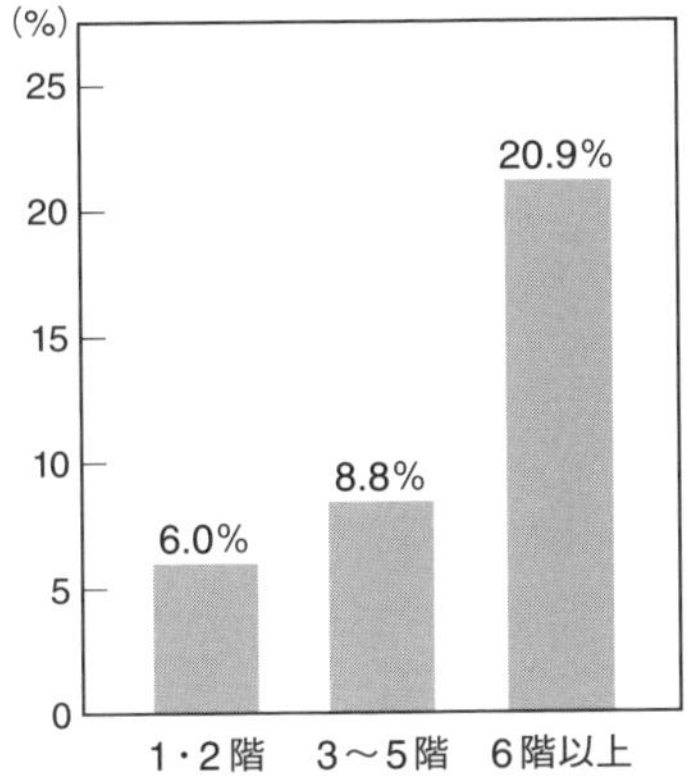

2008年の再調査結果

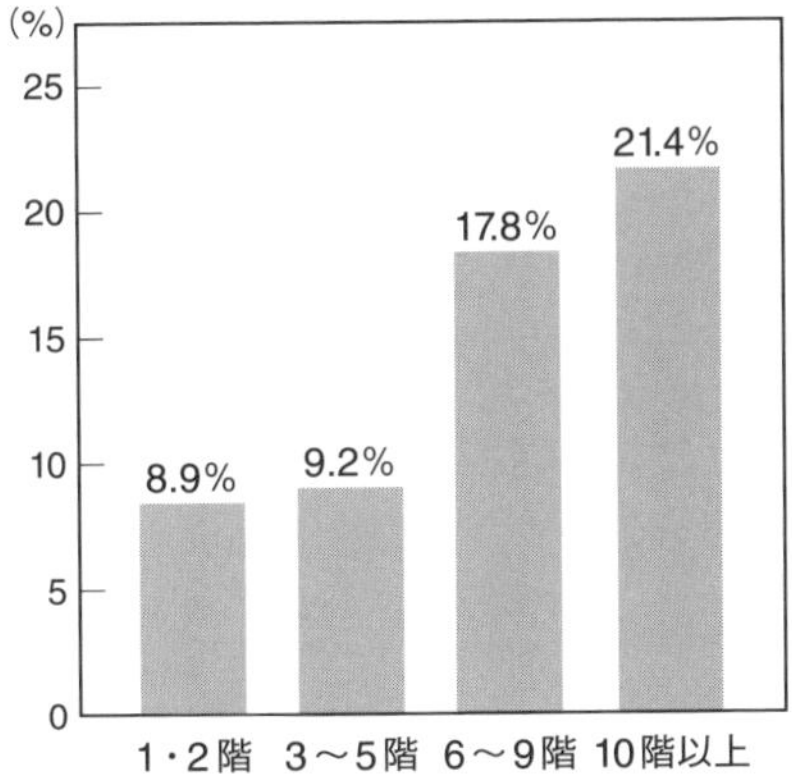

居住階層および居住年数別の流産経験率

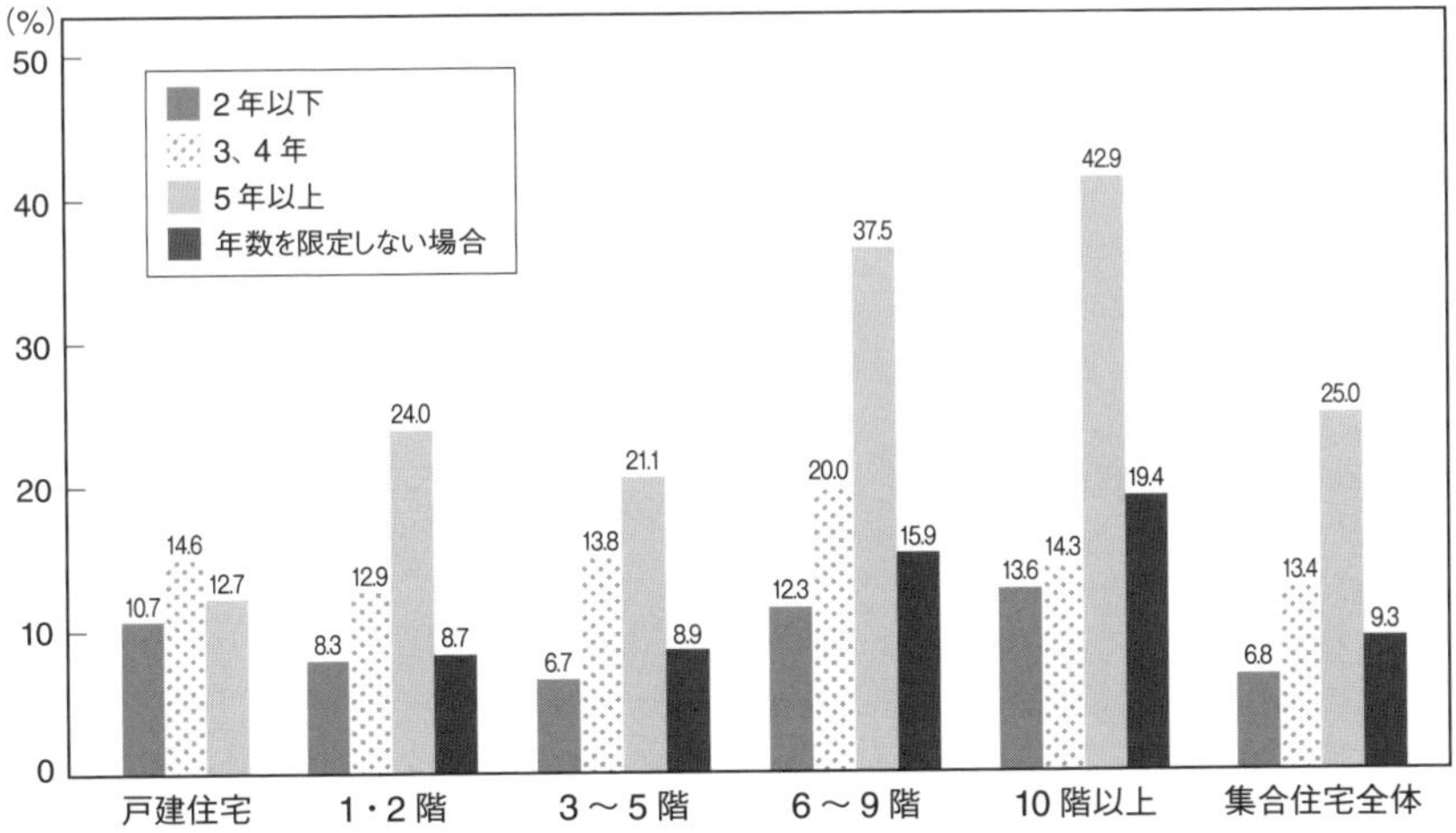

出典：逢坂文夫『コワ～い高層マンションの話』宝島社

り下りが多い妊婦は流産率が高くなる」という仮説があり、それを裏付けるための調査だったという。ところが、この調査が予想外の結果を生む。逢坂氏が対象としたのは横浜市在住の妊婦461人。彼女たちの流産・死産の割合を居住階別に見ると、1・2階で6・0%、3〜5階で8・8%、そして6階以上で20・9%となり、5階と6階の境界線に明確な差が出たのだ。

日本のマンションは6階以上からエレベーターの設置義務があり、仮説通りならばエレベーターを多用する6階以上の妊婦よりも、3〜5階の方が流産率が高くなるはず。ところが、「階段の負担が少ない高層階の妊婦ほど流産率が高い」との新説が発覚したのである。

それからというもの、逢坂氏は高層階と流産率の関係について調べ続けた。2008年に調査を終えた約2000人対象の流産率においても、1・2階で8・9%、3〜5階で9・2%、6〜9階以上で17・8%、10階以上で21・4%という同じ傾向が確認されたのだ。

また、逢坂氏は居住年数と流産の関係にも注目。居住年数別の流産率は1年以下が5・7%、2年が11・0%、3年が12・1%、4年が15・6%、5年以上が21・4%で、長く同じ場所に住むほど流産率が高くなるそうだ。そして、この結果を先ほどの居住階別に分類すると、さらに驚くべき数値が明らかになった。低層階から高層階まで、いずれのケースでも5年以上住んだ場合の流産率は、2年以下の場合に比べて3倍以上。顕著なのは高層階で、6〜9階で5年以上暮らした妊婦の流産率は37・5%、10階以上に至ってはなんと42・9%だったのだ。

それにしても、なぜ高層階に住む妊婦は流産率が高くなるのか。あくまでも仮説だが、「高層階に住む人ほど外出を面倒臭がり、運動不足に陥りやすくなる」「他人との接触不足で精神に疾患を抱える可能性がある」「高層階特有の振動や地震に対する不安」などの原因が挙げられている。妊婦には適度な運動が必要で、筋力が衰えると胎児が大きくなりやすい。すると、出産時に帝王切開や吸引分娩のリスクが高まってしまうのだ。ほかにも、高層階ではつねに気づかない程度の揺れが起きているため、疲労感や精神の不安を招く恐れがあるのだという。

いまなお明確な原因は分かっていない。しかし、いずれにしても高階層に住む女性は流産率が高くなる――これは、調査結果として得られた紛れもない事実なのだ。

高層階では子供の社会性が養われず不登校に!?

流産率が高まるのは怖いが、憧れの高層階には住んでみたい。ならば、出産後に引っ越せばいいのでは？……と考える人もいるだろう。しかし、高層階での生活は妊婦のみならず、子供にも悪影響を与えるというから恐ろしい話だ。

逢坂氏が調べた「幼稚園児における居住階別に見た起床時の体温割合」によると、起床時の体温が35・5度未満の児童は1～9階では1～2％程度であるのに対し、10階以上では9・4％という大きな違いが見られた。「35・5度」は基礎代謝や免疫力が低下し、アレルギー症状が出やすい体温である。このため、高層階の児童はぜんそくやアレルギー性鼻炎を患う割合が高いのだという。原因として考えられるのは体力の低下だ。高層階に住む母子は外出回数が少なく、児童が外で遊ぶ1日の平均時間は低層階が175分であるのに対し、高層階では133分。この40分以上の差が、児童の体力の差にも影響している可能性が指摘されている。

また、外で遊ぶ時間が少なくなると、必然的にほかの児童と交流する機会も少なくなる。これは社会性を養う機会の減少を意味し、自立が遅れる原因となるのだ。この結果、高層階で暮らす児童は社会的適応力が低くなり、不登校や引きこもりになる可能性が高まるという。

流産や引きこもりなど、家庭に暗い影を落としかねない高層階での生活。逢坂氏の調査結果を見ても、きわめて信憑性が高いように思えるが、この事実は日本では広く知られていないのが現状だ。一方、海外では「出産・育児に高層階は不向き」という認識が広く浸透しているという。欧州では高層住宅を規制している地域があるほか、出産や育児をする家庭に対して低層階の入居を積極的に呼び掛ける自治体もあるほどだ。

一体、なぜ日本では高層階の危険性が浸透しないのか。その要因は、不動産業界による圧力と考えられる。実は1994年、逢坂氏が初めて高層階と流産率の危険性を提唱した際は、マスコミにも取り上げられて大きな反響を呼んでいた。だが、マンションが売れなくなることを恐れた不動産業界は調査結果に猛反発。すると、ほどなくして報道は下火となってしまった。マスコミにとって不動産業界は〝大スポンサー様〟であり、何らかの働きかけがあった可能性は高い。こうして、いまなお日本ではタワーマンションの広告が幅を利かせているのだ。

【欧州の高層住宅規制】
イギリスでは、すでに1960年代から高層居住における危険性が指摘され、政府も容認。1975年以降、同国では高層住宅は1棟も建設されていない。この動きを欧州諸国も追従し、90年代には高層住宅建設は完全に下火となった。

小学生のアレルギー性疾患割合

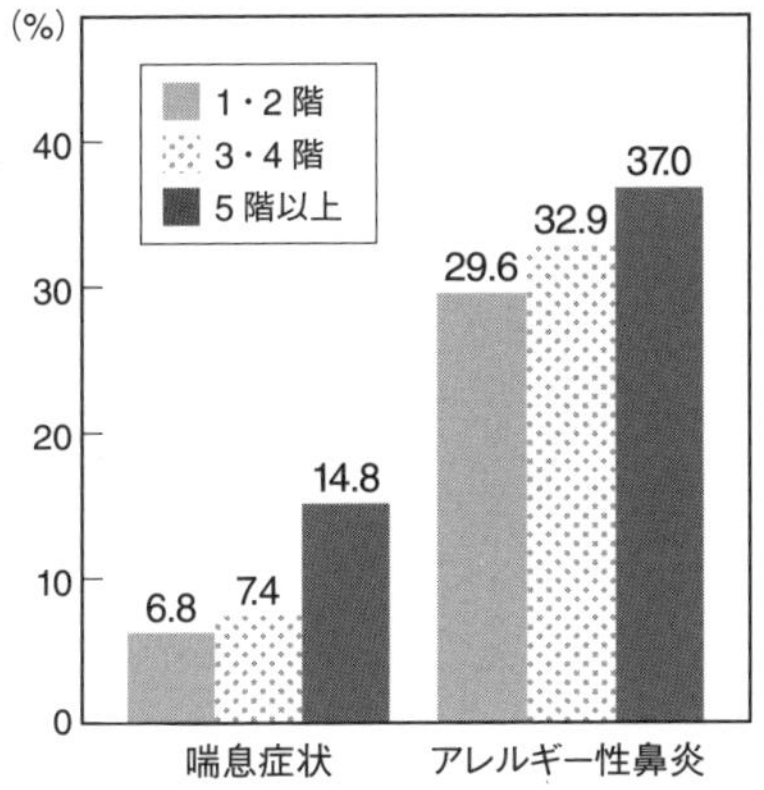

低体温(35.5 度未満)の幼稚園児の割合

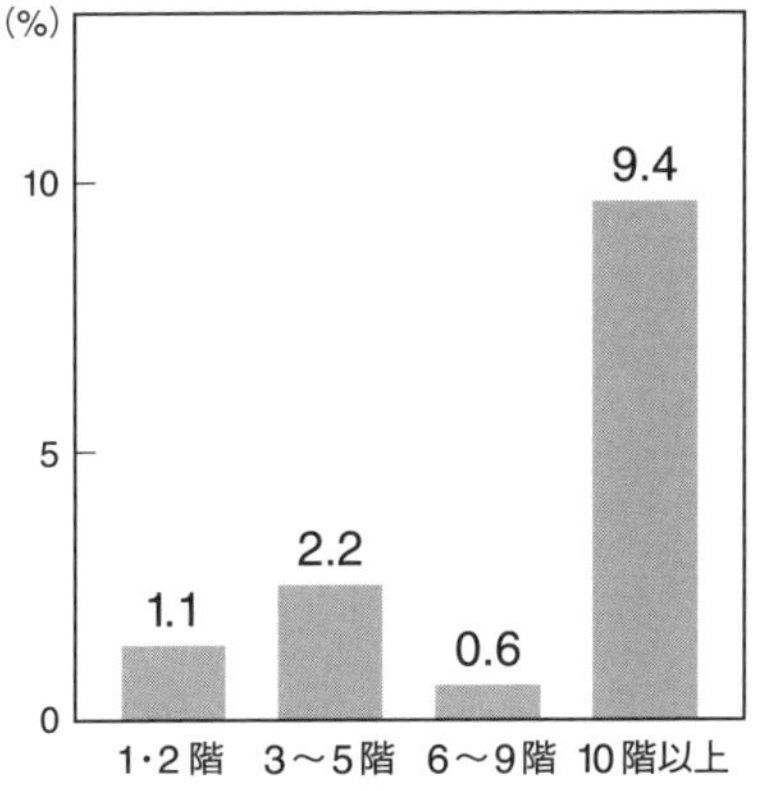

建設抑制に向かう欧州諸国の高層住宅

	EU平均※	ドイツ	イタリア	イギリス	日本
人口 1000 人あたりの住宅戸数	468	469	479	428	384
集合住宅の割合	47.0%	53.9%	74.7%	18.7%	45.6%
高層住宅の割合	14.3%	6.0%	22.7%	2.4%	19.9%
1944 年以前に建設された高層住宅	10.2%	5.0%	12.4%	17.4%	0%
1945 〜 1990 年に建設された高層住宅	79.0%	88.0%	82.0%	80.7%	47.0%
1991 年以降に建設された高層住宅	8.1%	7.0%	5.6%	1.9%	53.0%

※「EU 平均」はデータが均一でないため「建設された高層住宅」の合計が 100%にならない
出典：逢坂文夫『コワ〜い高層マンションの話』宝島社

予想外の出費を招く「ガス」と「水道」の落とし穴

LPガスの物件に入居したらガス代が4倍に！

昨春、転職のために東京都から宮城県へと移り住んだ会社員のYさん。東京では家賃6万5000円のアパートだったが、宮城の新居は5万8000円のオートロックマンション。間取りも20㎡に満たない1Kから30㎡超の1LDKへと変わり、広々とした部屋で快適な新生活がスタート……したかに見えた。ところが、翌月に届いたガス代の請求書を見てYさんは仰天。請求額に記載されていたのは「1万5000円」という予想外の料金だったのだ。「東京時代はどれだけガスを使っても4000円程度だったのに、4倍近くに跳ね上がりました。何かの間違いと思ってガス漏れも疑いましたが、調べているうちに引越先のマンションがLPガスだったことを知ったんです。まさか東京の頃よりも生活費が高くなるなんて……」

一般住宅で使用されるガスは「都市ガス」と「LPガス（プロパンガス）」の2種類。都市ガスは都市ガス会社あるいは自治体のガス局が供給し、ガス代は公共料金の扱いだ。一方、LPガスはLPガス会社が自由に価格を決められるため、都市ガスの料金を上回ることも多い。

Yさんが東京で借りていたアパートは都市ガス（東京ガス）だった。当時の基本料金は

1110・9円、単位料金は1㎥当たり146円だったので、1ヵ月の使用量は20㎥程度。ひとり暮らしにしては多い方だが、毎日朝と夜に計30分ほどのシャワーを浴びていたというから納得の数字だ。ところが、新居のLPガス会社は基本料金が2000円、単位料金は650円だった。東北地方の単位料金は平均615円であり、この会社が特別に高額なわけではない。

LPガス会社は全国に2万社以上もあり、担当エリア内ならば住民は自由に会社を選択できる。しかし、集合住宅は大家が契約するのが一般的なため、入居者が自分の部屋だけ契約会社を変更するのは難しい。家賃が安いからといって飛びつくと、Yさんのようにトータルの生活費が高くつくこともある。物件を探す際は、ガスの種類や料金設定をチェックしておこう。

ちなみに、ガスコンロはそれぞれのガス専用であるため、都市ガスで使用していたガスコンロをLPガスで使用することはできない。都市ガスからLPガスの物件に移る際、ガスコンロが必要な場合は新調する必要があり、これも余計な出費だろう。なおYさんの場合は、新居のガスコンロが備え付けだったため、ガスの違いに気づくのが遅れてしまったそうだ。

水道料金は自治体の環境によって大きく異なる

また、ガスと同様に注意したいのは水道料金である。水道は自治体が運営する水道局によって供給されるため、都市ガスと同じ公共料金の扱いだ。しかし、料金そのものは自治体ごとに大きく異なるため、ガス以上に料金差が生まれやすい。

消費者庁の発表によれば、家庭用10㎥当たりの水道料金は全国平均で約１４８０円とのこと。しかし最高料金と最低料金を調べると、前者が群馬県長野原町の３４１２円であるのに対し、後者は山梨県富士河口湖町の３３５円。実に10倍以上の料金差があるのだ。

自治体格差が生じる原因は、第一に人口が挙げられる。水道管の点検・改修費用や人件費は水道料金で賄うため、人口の少ない都市は必然的にひとり当たりの負担額が高くなるのだ。また、水源が近くになければ遠くのダムから水を引かなければならず、そのコストも料金に反映される。そして極めつけは水利権の問題。水源となる川や湖の水利権は、その自治体が所有しているとは限らない。利用料を支払うことになれば、さらに料金が跳ね上がってしまう。

なお、集合住宅は各戸に水道メーターが設置されているのが一般的で、当然ながら部屋ごとの使用量と水道料金は異なる。しかし古い集合住宅のなかには、しばしば建物にメーターがひとつしか設置されていないことがある。この場合、集合住宅全体の水道料金を入居者で均等に負担することとなり、支払い先は水道局ではなく大家だ。ここで問題となるのは、割られた料金に対する不公平感である。たとえ自分がどれだけ節水に努めようとも、ほかの入居者の節水意識が低ければ、結果として自分の水道使用量以上の料金を負担する羽目になるのだ。

入居した地域の水道料金が低ければ気にならないかもしれないが、高い地域では不満も募りやすい。水道料金は各自治体のＨＰで調べられるので、こちらも必ず確認しておきたい。

LPガスと都市ガスの料金比較

東京地区の一般家庭で月のガス使用量10㎥だった場合

都市ガス

基本料金 745.20円
＋
従量料金 1709.40円
（単位料金 170.94円×10㎥）
＝
2454円

LPガス

基本料金 1600円
＋
従量料金 4920円
（単位料金 492円×10㎥）
＝
6520円

※「プロパンガス料金消費者協会」の平均値で計算

LPガスは都市ガスの約2.7倍の料金に！

地域格差の激しい水道料金

一般家庭10㎥あたりの使用料金

最低料金トップ5

1位	富士河口湖町（山梨県）	335円
2位	赤穂市（兵庫県）	357円
3位	小山町（静岡県）	363円
4位	沼津市（静岡県）	460円
5位	昭島市（東京都）	504円

最高料金トップ5

1位	長野原町（群馬県）	3412円
2位	羅臼町（北海道）	3360円
3位	池田町（北海道）	3121円
4位	増毛町（北海道）	3060円
5位	上天草市大矢野地区（熊本県）	3045円

※総務省「地方公営企業年鑑 第59集」より

最大格差はなんと10.2倍！

内見時はココをチェックせよ！

内見で欠点を見抜き、後悔しない部屋選びを

間取り図や内観写真を眺め、条件に見合う物件が見つかったとしても、すぐに入居を決めるのはNG。入居してから初めて気がつく〝部屋の欠点〟は、意外と多いものだ。

そんな失敗を防ぐためにも、欠かせないのが「内見」である。しかし、何の準備もせずに部屋を訪れるのは論外だ。内見で得た情報は、複数の候補のなかから最終的に借りる部屋を決めるための重要な判断材料となる。そこで本項では、内見時にチェックすべきポイントを紹介していく。

なお、内見には「間取り図、筆記具、コンパス（方位磁針）、メジャー、カメラ」を必ず持参して臨もう。

【共用スペース】

内見は、部屋に入る前からすでにはじまっている。まずはエントランスや郵便受けといった共用スペースをチェックする。掃除は行き届いているか、郵便受けの下にチラシが散乱してい

【コンパス】
100円ショップなどで購入できるが、近年はスマートフォンの無料アプリなどでも入手可能。

ないか。ゴミ捨て場は綺麗に使用されているか、駐輪場の自転車がバラバラに置かれていないか……など、共用スペースは管理体制や住民の民度を映す鏡なのだ。

ここで気になる点が見つかれば、住民のモラルが低かったり、問題が発生した際の大家の対応がいい加減だったりする可能性が高い。

【室内の臭い】

部屋に入ったら、まずは室内全体の臭いをチェックしよう。下水のような悪臭がしたら、シンクや風呂場、洗濯機置き場など、水回りの排水溝に問題がある証拠だ。集合住宅では、下水臭や虫を防ぐために排水溝の管に水を溜める部分が設けられている。しかし、古い物件や管理が行き届いていない物件では、この管が詰まっていることがあり、排水溝から悪臭を発する原因となるのだ。ハウスクリーニングの直後だと、この悪臭に気づかないケースも多い。そのため、入室時に臭いがなかったとしても、室内すべての排水溝の臭いを確認するようにしよう。

一方、カビ臭さを感じた場合は、水漏れや湿気に弱い物件の可能性がある。壁紙の繋ぎ目が剥がれていないか、押し入れの奥にシミなどはないかなどを重点的に調べよう。

【すべての窓を開ける】

次に室内の窓をすべて開けて、風通しや窓からの眺めを確認する。このとき、コンパスで窓側の正確な方角を確認しながら日当たりをチェックする。向かいに大きな建物が建っていたら、時間帯によっては日当たりが悪くなる可能性を考慮するべきだ。また、建物の窓が同じ高さにあれば、互いに窓を開けたときに向かいの人と目が合うことになる。これは意外と気まずいもので、「室内の様子が丸見え」という不安からカーテンを閉め続けた生活を余儀なくされてしまう。

ほかにも、雨戸の有無も確認しよう。普段は使用しなくとも、出張や旅行などで長期間部屋を空けるときは必須。雨戸が果たす防犯効果は非常に大きいのだ。

【窓やドアのたてつけ】

窓や網戸、ドア・ふすまなどを開閉し、たてつけの悪さを感じたら要注意。老朽化によって物件にゆがみや傾きが生じている可能性が考えられ、新築だったとしたら欠陥である。「多少のたてつけの悪さは気にしない」という人でも、意外と後悔するのが網戸だ。網戸のたてつけが悪く隙間ができていると、夏場の夜は室内の光に誘われて虫が侵入してくる。この結果、窓を閉めてクーラーを使い続ける羽目になり、電気代が高くついてしまう。

【キッチン】

キッチンまわりで注意するのは、冷蔵庫置き場とガス。冷蔵庫のスペースを確保している物件も多いが、いま自分が使用している冷蔵庫がそのスペースに入るかをメジャーで測ろう。入らなければ新調するか、別の置き場所を確保するなどの対応が必要だ。この作業を怠ると、引越当日に慌てる結果となり、予定していた家具の配置を変更しなくてはならない。

一方、ガスは「プロパンガスか都市ガスか」といった種類を確認するのはもちろんのこと、ガスコンロを置くスペースにも気をつけなくてはいけない。「ガスコンロ2口設置可」とあっても、サイズによっては収まらないことがある。

また、近年の新築物件はＩＨクッキングヒーターが備え付けとなっている場合があるが、これにも注意。フライパンや鍋などの調理器具は、ＩＨ対応のものでないと使用できないのだ。これまでガスコンロを使用していた人は調理器具を新調する必要があり、知らずに引っ越した場合は手痛い出費だ。

【騒音・遮音性】

付近に線路や工場などがある場合、いったん窓を閉めて外の音が室内にどれだけ聞こえてくるかをチェックしよう。また、壁や床の遮音性では、室内の音が不自然に反響しないかを確認。反響する部屋は遮音性が低く、隣の生活音すらも聞こえてしまう可能性が高い。床は一般的にフローリングよりもカーペットフロアの方が遮音性に優れているが、歩いて沈みを感じたら床が薄い証拠だ。階下に迷惑を掛けないように気を遣うだけでなく、上の階の足音にも悩まされることになる。

【コンセント・テレビ端子】

意外と忘れやすいのがコンセントやテレビ端子。数や位置はもちろんのこと、トイレに温水洗浄便座を設置する予定ならば、トイレ内のコンセントの有無も忘れずにチェックしておこう。

【IH クッキングヒーター】
IH（誘導加熱）によって加熱し、ガスや火を使用せずに電力のみで動作する。近年、IH クッキングヒーターをはじめ「オール電化」の住宅が増えている。オール電化の住宅は火災のリスクが少ないため、火災保険の割引や住宅ローンの金利優遇を受けられるなどのメリットがある。

２K以上に住む場合、テレビ端子が全部屋にあるか否かも重要だ。すべての部屋にテレビ端子があれば問題ないが、ひとつの部屋にしかなかった場合、その部屋をリビングとして使用せざるを得ない。「家具をこんな風に配置しよう」「複数の部屋をどのように使い分けよう」といったレイアウトの計画は、新居に移る際の楽しみのひとつである。しかし、せっかく考えたレイアウトも、コンセントやテレビ端子の数・位置によっては変更せざるを得ない。あとで落胆することがないよう、事前に位置や数を把握し、間取り図にメモしておこう。

なお、このとき必ずアンペア（A）の容量も確認しておくこと。古い物件では、３ＤＫなどの広い間取りでも20Ａと容量が少ないことがある。こうした物件で複数の人が、それぞれの部屋で同時に電気を消費すると、頻繁にブレーカーが落ちる事態になりかねない。大家が承諾すればアンペアの容量を上げられるが、許可が下りないことの方が多い。このため、最初から自分の生活に合ったアンペア容量の物件を選ぶのが賢明なのだ。

【自分で用意する設備】

エアコン、カーテン、照明などの設備は、物件によっては最初から備え付けの場合がある。なければ自分で用意することになるが、このとき気をつけたいのがエアコンだ。「室外機を置く場所がない」「エアコンのホースを通す配管穴がない」などの理由で、エアコンが設置できないケースがあるのだ。配管穴は工事で空けられるが、建物の強度の問題から大家が認めないこともある。このため、エアコンの設置が可能かどうかを必ず確認しておこう。無理だったとしても、室外機不要の窓付けタイプならば問題ないので、その場合は窓の大きさが設置に適合しているかを調べよう。

なお、エアコンや温水洗浄便座がある物件でも、前の入居者が残していったものに関しては「設備」に含まれないので要注意。設備だった場合、通常使用で故障した際は大家が修理費用を負担してくれるが、設備ではない場合の修理費用は自己負担となる。

【その他】

シャワーの水圧。携帯電話の電波状況。ベランダ（柵が錆びていないか。物干し竿を設置できるか。布団が干せるスペースはあるか）。天井の高さ、間口の広さ（天井の高い部屋は広く感じられる。長方形の細長い間取りよりも、正方形に近く間口の広い部屋の方が広く感じられる）。各所の寸法（同じ6畳でも、物件によって寸法は大きく異なる）……など。

以上の項目で、気になった部分があれば、適宜間取り図に書き込んでいこう。急な引越でない限り「内見の目安は10件以上」と心得ておきたい。多いと思うかもしれないが、賃貸物件が飽和している現在は、探せば探した分だけ良い物件に巡り会えるものだ。最初に回った物件のイメージを忘れないためにも、外観や内観の写真を撮影しておくのも重要だ。消去法ではなく、良い物件のなかから最良を選ぶ。そんな意気込みで内見に励みたい。

3月竣工の物件には欠陥が多い!?

工期をズラせずに突貫工事が増える

一般的に不動産業の繁忙期は1～3月とされ、この期間で年間売上の50%近くを稼ぐ業者もいるという。理由は単純で、新年度に伴う生活環境の変化だ。就職、大学進学、異動など、新生活をはじめる人々の引越が集中するのだ。このため、引越シーズンに合わせて3月期に完成する物件も多いわけだが、この「3月竣工」には要注意。というのも、3月竣工の物件には欠陥や不具合が起こりやすいからだ。給水管や配水管の水漏れ、排気ダクトの未設置、挙げ句の果てには鉄骨の不足など、引越を余儀なくされるほどの大きな欠陥が発覚することもある。

3月竣工の物件に欠陥が多い理由は〝突貫工事〟だ。3月期は業者の決算が集中する時期であり、彼らは売上の計上を決算期に間に合わせようとする。たとえ工期に遅れが出ていたとしても、竣工時期の見直しはない。無理な工期を強いられた結果、作業の精度は甘くなる。そしてミスを防ぐためのチェックも疎かになり、欠陥が見過ごされたまま竣工してしまうのだ。

突貫工事による欠陥が厄介なのは、その欠陥が目に見えないことだ。配管が適切に繋がれているか、鉄骨の数は適切かなど、竣工した物件では確認することができない。新築ならではの綺麗な内装や新設備に目を奪われて契約したものの、いざ住み始めたら不具合が続出……というケースが大半だ。また、すべての部屋で同じ不具合が発生するのではなく、自分のフロアや自分の部屋だけが欠陥だったという例も少なくない。

同じ家賃ならば「築浅で綺麗な物件を選びたい」という感情は当然だ。ましてや新築とあれば、なおのことだろう。しかし、新築物件には思わぬ欠陥が潜んでいる可能性があることを知っておきたい。しかも、その欠陥は住み始めてからでないと分からない点が怖いところ。換気や水捌けの悪さ程度ならばいいが、そこで暮らせないほどの欠陥が見つかることもあるのだ。

購入物件とは異なり、賃貸ならば引っ越せばいいだけの話ではある。欠陥が理由ならば費用も業者側が負担してくれるだろう。とは言え、改めて部屋を探す労力や時間は大きなマイナスであり、せっかくの新生活に水を差されるのは気分が悪い。

もちろん、工期に余裕を持って3月に竣工を迎える物件も多い。そこで、新築の賃貸物件への入居を検討する際は、工期を尋ねてみよう。一般的な目安として、工期は小規模マンションならばワンフロアあたり最低でも1～1・5ヵ月、中規模で2ヵ月程度とされている。5階建てで「工期4ヵ月」などと言われたら、突貫工事の可能性を疑ってもいい。

ちなみに、8月竣工の物件にも気をつけたい。この時期の物件は、竣工に向けた検査業務がお盆休みで滞るため、日程を前倒しにすることが多い。しかし、6～7月は梅雨のために工期が遅れ、7月下旬に慌てて作業を終わらせようとした結果、突貫工事になりやすいのだ。

【新築・築浅】
首都圏不動産公正取引協議会では、「建築後１年未満であって、居住の用に供されたことがないもの」に限り「新築」という用語の使用が認められている。一方「築浅」は明確な基準はないが、約８割の不動産会社が「築５年以内」を目安に使用している。

COLUMN 03

「更新時」は「家賃値下げ」の大チャンス！

家賃を滞納したとしても「即刻退去」はない

長引く不況や終身雇用の崩壊によって、厳しい経済事情が続く日本。もしも給与カットなどの止む得ない事情で家賃が支払えなくなったら、すぐに退去させられてしまうのだろうか？

結論から言えば、初めて滞納した場合に限り、支払期限を過ぎたからといって即座に退去を求められることはない。家賃滞納時の契約解除については、契約書に必ず記載されている。滞納期間は物件・管理者によって異なるが、「3ヵ月滞納で契約解除」と定めているところが多い。

家賃を滞納した場合、まずは管理者から入居者に「何日後までに支払って下さい」と連絡が入る。この期限を破ると保証人に家賃請求されるが、もしも保証人が支払いを拒否すれば、代理弁護士から入居者に最後通告が届く。それでも支払えなければ訴訟を起こされ、裁判所から「明け渡し命令」が出るのだ。なお、保証人に保証会社を利用していた場合、滞納分の家賃は保証会社が立て替えてくれる。ただし、保険会社は「立て替えは半年間のみ」などの期間が決まっているので、管理者が契約解除に動き出すことに代わりはない。

滞納したら退去――これは当然だが、交渉次第で退去期間を延ばすことは可能だ。まず家賃が支払えないと分かった時点で、必ず自分から管理者に報告を入れよう。そして、滞納分をいつまでに支払うことができるのか、あるいは期間限定で分割の支払いをお願いするのだ。

大切なのは、期限前に自分から報告することだ。契約内容を遵守して拒否されるかもしれないが、相手とて人間である。早い話が情に訴えて期限の延長をお願いするのだ。ただし、金策の目処が立たずに滞納すれば、退去はまぬがれない。自分の収入に見合った物件を選ぶのが基本だが、それでも支払えないのならば、より家賃の低い物件に移り住む以外に選択肢はないだろう。

相場よりも家賃が高ければ更新時に値下げ交渉できる

家賃の滞納は許されないが、必ずしも現状の家賃を払い続ける必要もない。というのも、家賃は契約更新時に値下げ交渉が可能だからだ。

そもそも更新時に発生する〝更新料〟は、借地借家法上、更新書類にサインして初めて支払いの義務が発生する。つまり、更新内容に不満があれば、更新料を支払わなくてもいいのだ。

とは言え「更新時に書類を無視していい」という話ではない。２０００年代後半、関西地方を中心に更新料の返還を求める訴訟が相次いだが、「不当に高額などの特段の事情がない限り、更新料条項は有効」という判決のもと、借り手側が敗訴している。このため、更新料を支払わないように動くのは得策ではない。

しかし先述の通り、更新料は更新内容に合意した場合に発生する費用だ。更新内容に不満があれば、納得できるまで話し合う権利が入居者にはある。ごくまれにだが、更新時に大家から家賃の値上げを要求されるケースもあるが、逆に入居者が値下げを要求してもいいわけだ。

値下げ交渉の手順は極めて簡単。希望額を大家（または不動産会社）に伝えるだけである。ただし、相場とかけ離れた金額では相手も受け入れてくれない。要求を通すコツは、周辺物件の相場と比較した上で、「ここの家賃は相場よりも高いですよね。だから、この金額まで下げられませんか？」とお願いすることだ。たとえば現在の家賃が7万円として、周辺の同条件の物件が6万円台前半だったとする。この場合、ほかの物件を引き合いに出して5～10％程度の値下げを持ち掛ければいい。

また、値下げ額を決める際、更新料よりも「家賃の値下げ額×更新期間（月）」を安く設定すると、要求が通る確率が高くなる。2年更新で更新料1ヵ月分ならば「7万円÷24ヵ月＝約2916円」なので、この金額よりも低い「2500円前後」の値引きを依頼するのだ。

もしも合意にいたらず入居者が退去した場合、大家は更新料が得られないばかりか、次の入居者が決まるまでの1～2ヵ月間、家賃収入そのものが途絶えてしまう。しかし家賃1～2ヵ月分の損失よりも、値下げ額の損失の方が少ないため、自然と要求額を受け入れやすい……というわけだ。

なお「合意してもらえなければ『法定更新』を望みます」と伝える方法もあるが、これはあまりお勧めしない。法定更新とは〝更新内容が合意されないまま更新期限を迎えた際、既存の契約内容が自動更新される仕組み〟のこと。この場合、更新料を支払わずとも、従来通りの家賃を払い続ける限りは強制退去の心配もない。

この法定更新が、先述した「更新内容に不満があれば、更新料を支払わなくていい」のカラクリである。だが、こうした手段は大家の心象も悪くなるので「要求が通らなければ、素直に更新する」程度の気持ちで値下げ交渉に望みたいものだ。

第4章

敵は住宅の周りに潜んでいた！

――対人・環境に脅かされる物件――

物件探しのコツが分かってきたわ♡
確認ポイント
1、事故の有無
2、チラシの宣伝文句
3、建物の欠陥
おかげで素敵な物件に巡り会えた…
¥58,000
アハ…
ウフフ…
契約したいのでお店に戻りましょう
ハイ
近くにステキなカフェとかないかな〜♡
もうすぐ繁華街ですよ
キョロキョロ
Bar
18:00〜
なんか話しかけて来た――――!
オネーサン♡
ドウモ
BOB
ボブ…⁉
じっ…
すごいこっち見てくる!
ここ日本だよね!?
コッ

もしかして
ここって
治安が悪い
地域なの!?
ひぇ〜
新台入荷
ニャ
ニャ
休憩
3時間　1800円
1泊　5400円
キャ!!
ブロロロ…
大丈夫ですか!?
ビュン
ビュン
ここめちゃくちゃ車多いですね
あうあう…
ごめんなさい
契約やめます
え゛ん
建物だけでなく、周辺の住民や
環境にも注意することを学んだ…

「ひとり暮らしビギナー」の学生に気をつけろ！

初めてのひとり暮らしで大騒ぎする大学1年生

壁1枚を隔てた隣の部屋には別の入居者がいる――これは集合住宅で暮らす以上、当たり前のことである。だからこそ無駄な近隣トラブルを避けるため、最低限のマナーを守って生活するのがあるべき姿だ。しかし、しばしば常識知らずの〝敵〟が潜んでいることがある……。

平和な賃貸ライフを脅かす代表的存在は「学生」だ。理由は単純で、彼らは〝ひとり暮らしビギナー〟だからだ。共同生活に欠かせないマナーを知らないため、周囲への配慮に欠けていることが多い。とくに注意したいのは、初めてのひとり暮らしで浮き足立っている大学1年生だ。そんな彼らの乱痴気騒ぎに頭を悩ませているのが、文京区のマンションを借りている会社員のKさんである。

「大学が多い土地柄のためか、入居者に学生が多いんです。だから春になると、必ず卒業生の入れ替わりで新入生が引っ越してくる。上京して初めてのひとり暮らしですから、羽目を外したくなるんでしょう。入学シーズンを終えてしばらくすると、友人を集めて夜中まで大騒ぎするんです。不動産屋を通じて注意してもらうと、その後は静かに暮らしてくれる学生もいます。

でも、春先は必ずと言っていいほど大学1年生が騒ぎ始めますね。この時期は騒音が気になって睡眠不足になるので、私にとっては5月病よりも〝4月病〟の方が深刻ですよ（笑）」

学生の騒音トラブルを回避するため、大学の多いエリアでの物件探しはくれぐれも慎重に行いたい。とくに大学と駅の間にある物件は〝友人の溜まり場〟になりやすいので、避けた方が賢明だ。第3章で壁の薄い物件（82ページ）について紹介したが、たとえ壁薄物件を避けたとしても、度を超えた騒音からは逃れられないのだ。

ひとり暮らしビギナーの学生が引き起こすトラブルはほかにもあり、騒音と同じく報告例が多いのはゴミ出しトラブルだ。

実家では母親に任せきりだっただけに、初めてのゴミ出しで勝手が分からず、迷惑を掛けるケースが目立つのだという。ゴミの捨て方は自治体によって分別だけでなく、入居する物件にも独自ルールが定められている。ルールを守らないゴミは業者に回収してもらえないが、このとき捨てた本人が自室に持ち帰らず、ゴミ捨て場に放置されると厄介だ。夏場に生ゴミが放置されれば異臭や虫が湧くこともあり、ほかの入居者にとって迷惑以外の何物でもない。

また掃除が苦手な学生は、しばしばベランダにゴミを溜め込んでしまうことがある。もしも隣人の学生がこのタイプだったら、ベランダを通じて異臭や虫の被害を受けるのは自分だ。先のKさんはゴミ被害にも遭ったことがあり、さすがにこのときばかりは直接注意したそうだ。

「窓を開けると不快な臭いが漂ってくるし、洗濯物を干す気にもなりません。幸い、注意を聞

【ゴミ出し】
アットホームの実態調査によれば、初めて一人暮らしを始めた若者の３人に１人が「資源ゴミの出し方が分からない」と回答している。

き入れてくれましたが、本当に学生は〝ひとり暮らしがヘタ〟な子が多いですよ」

Kさんのように直接注意できればいいが「性格的に注意できない」という人もいるだろう。また、相手が注意を受け入れずに対人トラブルへと発展するケースも考えられる。このため、入居者同士のトラブルを解決する際は、不動産会社か大家に相談した方がいいだろう。ただし、大家らに相談する場合は説明の仕方にも気をつけたい。感情的に捲し立てるとクレーマーだと誤解されて非協力的になるので、丁寧な口調で状況を説明するように心掛けよう。

また、報告者が自分であることを伝えないように配慮してもらうのも重要だ。ごくまれではあるが、注意を受けた入居者が報告者を逆恨みする例も報告されている。トラブルをなくすために行動した結果、嫌がらせを受けるようになった……では本末転倒なので、くれぐれも自分の名前を出さないようにお願いしておこう。

ここまで学生が起こしやすいトラブルを中心に紹介したが、もちろん学生以外にも気をつけるべき入居者は存在する。騒音ならば「楽器」や「赤ん坊の泣き声」などが挙げられるが、これらはあらかじめ「楽器お断り」や「子供不可」などの条件付き物件を選ぶことで回避できる。つまり、裏を返すと「学生歓迎」「子供ＯＫ」「楽器応相談」「保証人不要」といった幅広い条件を謳っている物件は、さまざまなタイプの入居者が集まる物件ということだ。タイプが異なると生活観にもズレが生じ、トラブルが発生しやすくなる。物件を探す際は、こうした入居者条件にも目を光らせておこう。

物件選びに関する学生と社会人の意識の違い

[平均家賃予算・平均初期費用]

	学生	社会人
家賃	5.89万円	7.02万円
初期費用	11.28万円	17.96万円

学生は初期費用の安い物件を選ぶ傾向にある

[家賃以外で重視した条件（複数回答）]

学生

1位	通勤・通学時間	53.7%
2位	最寄り駅から近い	43.1%
3位	間取り・広さ	39.0%

社会人

1位	間取り・広さ	50.7%
2位	最寄り駅から近い	40.6%
3位	通勤・通学時間	37.5%

学生は大学の近くに住む可能性が高くなる

[部屋探しで妥協した設備（複数回答）]

学生

1位	防音	20.2%
2位	独立したバス・トイレ	18.6%
3位	2口以上のコンロ	17.1%

社会人

1位	収納スペース	18.8%
2位	2口以上のコンロ	17.8%
3位	追い炊き機能付きバス	17.1%

学生は社会人よりも防音・遮音性には無関心!?

出典：アットホーム「"UNDER30" 私たちの選び方 ～部屋探しのプロセス&マインド～」（2013年首都圏）より。
社会人は29歳以下が対象。

地域の特徴や民度に要注意！

まるで異国!? 「外国人街」の落とし穴

対人トラブルは、同じマンションの住人だけとは限らない。自分が暮らす地域について調べなかったばかりに、外出が憂鬱になるほどの生活を余儀なくされることは珍しくないのだ。

２００８年に大学を卒業したMさんは、就職を機に東京郊外から豊島区へと引っ越した。かねてより都心部での生活を考えており、就職先が池袋駅の東口にあったことから新居も池袋に決定。比較的家賃の安い北口に目を付け、駅から徒歩10分のマンションへと入居した。

ところが、引っ越してすぐに違和感を抱いた。店頭や看板など、目に入るのは簡体字混じりの漢字ばかり。さらに、すれ違う人の多くが異国の言葉を話していた。実は彼が暮らす池袋北口は都内有数のチャイナタウンであり、多くの中国人が暮らしていたのだ。

「北口には『平和通り』という通りがありますが、通称『ピンフ通り』と呼ばれるほど中国人や中国系の店が多い。差別的な感情はないのですが、日本じゃないみたいで落ち着きません」

池袋北口は１９８０年以降に来日した新華僑の街だ。彼らが経営する店舗はこのエリアだけで２００以上と言われ、飲食店のみならず専門スーパーや書店、不動産仲介など観光向けではなく中国人が生活するための環境が整っている。彼らの大半は留学生として来日してくるため、コンビニや居酒屋でアルバイトする中国人も多いそうだ。

「接客態度が横柄で、おつりを間違えるのも日常茶飯事。さらに日本語が不自由な店員も多く、注文が伝わらないんですよ。中国人が経営する店なら仕方ないと思いますが、これが日本のチェーン店の話なんですから、本当に困りものです」

また、この地域はアジア系女性の〝立ちんぼ〟が出没する性風俗スポットであり、お世辞にも夜の治安が良いとは言えない。

「毎晩、帰宅中に必ず声をかけられるし、ポイ捨てや歩きタバコが多いのも憂鬱です。会社から自宅までは徒歩15分程度の距離ですが、彼らを避けるために迂回しているので、帰宅時に掛かる時間は30分。これでは会社の最寄り駅に住んでいる意味がないですよ……」

前を歩く高齢者にイライラ!?

一方、高齢者の多い地域で生活し、予想外のストレスを感じているのは30代男性のOさんだ。彼が暮らしているのは〝おばあちゃんの原宿〟でお馴染みの豊島区巣鴨である。

巣鴨と言えば、高齢者に優しい町づくりが有名で、物価も安いことから「すべての住民が生活しやすい町」というイメージがある。実際、Oさんも「住みやすそう」との理由で暮らしはじめたが、月に三度やってくる「縁日」が誤算だった。

巣鴨には病気治癒の御利益を持つ「とげぬき地蔵」こと高岩寺があり、毎月「4」のつく日（4日、14日、24日）には縁日が開かれる。この日は境内や参道に屋台が並び、参拝すると普段以上に御利益があると信じられている。このため、平日でも4〜5万人、休日と重なると10万人以上が参拝に訪れ、いつも以上に高齢者で賑わう日となるのだ。

「初めての縁日のときは町の人の多さに驚きました。おまけに高齢者が多いせいか、歩くスピードが非常に遅いんです。狭い歩道でお年寄りが歩いていると、前を塞がれて追い抜けない。仕方ないと分かっていながら、急いでいるときはイライラします」

朝の通勤時や夜の帰宅時は高齢者が少ないために気にならないが、あいにくOさんの仕事は在宅中心のフリーランスである。このため、日中に町を外出する機会も多く、道を塞ぐ高齢者と頻繁に出会ってしまうそうだ。また、活気が魅力の縁日も人混みが苦手なOさんにとっては苦痛でしかなく、この日ばかりは外に出ないように心掛けているという。

なお、高齢者が集まる〝地域〟ではなく、高齢者が集まる〝物件〟にも気をつけたい。高齢者のひとり暮らしを敬遠する大家は多く、その理由は有り体に言えば「いつ死ぬか分からない」からだ。うっかり「高齢者ＯＫ」の物件に住むと、孤独死の現場に遭遇する可能性は格段に高くなる。隣の部屋から漂う異臭に我慢できず、大家と一緒に乗り込んだら液状化した死体が……といった出来事は、孤独死発見のエピソードとしては決して珍しくない話なのだ。


【高齢者が集まる物件】

高齢化社会によって、近年では高齢者向けの賃貸情報サイトも増えている。また、国土交通省や厚生労働省が所管する「高齢者住まい法」により、バリアフリーや専任スタッフによる安否確認など、高齢者向けサービスを備えた集合住宅も増えている。

在留外国人の多いおもな市区町村（単位：人）

	総数	中国	韓国・朝鮮	フィリピン	ブラジル
東京都新宿区	35,110	11,622	11,678	676	136
神奈川県横浜市	77,570	31,931	14,448	6,839	2,495
神奈川県川崎市	30,380	10,094	8,278	3,663	799
愛知県名古屋市	66,289	22,457	18,769	7,412	3,991
京都府京都市	40,957	9,521	23,780	872	162
大阪府大阪市	118,561	26,502	75,197	2,974	1,021
兵庫県神戸市	43,039	13,335	19,297	1,055	426
福岡県福岡市	27,489	12,198	6,389	962	72

出典：法務省『在留外国人統計（旧登録外国人統計）統計表 2013 年 12 月末』より

高齢者（65 歳以上）人口の増加が予想される市区町村（単位：人）

順位	市区町村	予想増加人口	2010 年	2040 年予想	増加率
1	神奈川県横浜市	496,995	741,214	1,238,209	67.1%
2	北海道札幌市	290,518	393,230	683,748	73.9%
3	愛知県名古屋市	232,024	481,005	713,029	47.9%
4	福岡県福岡市	225,532	259,037	484,569	87.1%
5	神奈川県川崎市	214,147	240,264	454,411	89.1%
6	大阪府大阪市	205,638	604,756	810,394	34.0%
7	埼玉県さいたま市	159,575	235,360	394,935	67.8%
8	宮城県仙台市	153,739	194,617	348,356	79.0%
9	兵庫県神戸市	151,710	357,901	509,611	42.4%
10	広島県広島市	143,974	236,958	380,932	60.8%

出典：国立社会保障・人口問題研究所『日本の地域別将来推計人口（平成 25 年 3 月推計）』より

ザ・理不尽！"クレーマー住民"の恐怖

些細な生活音でキレる神経質な住民

2000年代後半から、にわかに注目を集めるようになったクレーマー。些細な出来事に難癖をつけ、企業に対して執拗に苦情を訴える迷惑行為が問題視されて久しい。一般的に、彼らの攻撃対象は企業である。しかし、そのクレーム体質は日常生活においても変わらず、しばしば近隣住民が被害に遭うことも珍しくない。

神奈川県横浜市の賃貸アパートで暮らしていた男性Sさんも、そんなクレーマー住民に目を付けられ、引越を余儀なくされたひとりだ。SさんはIT企業を経て独立後、複数のサイトを運営している個人事業主だ。入居したのは2階建てアパートの2階で、2LDKのひと部屋を仕事スペースとして使用する住居兼職場のスタイルだった。

「住み始めてからほどなくして、床から『ドン！』と音がするようになりました。最初は気にならなかったのですが、次第に音が大きくなり、音の頻度も短くなってきたんです」

何事かと思ったSさんは、下の部屋を尋ねることにした。すると、部屋から出てきたのは40代前半と思わしき男性。Sさんが上の住人だと知るやいなや「毎日毎日うるさいんだよ！」と鬼のような形相で怒鳴りはじめた。落ち着かせて話を聞くと、どうやらSさんのタイピング音が耳障りとのこと。Sさん自身はとくにキータッチは強くないそうだが、うるさいと言われたのなら「自分が悪い」と反省。丁重に謝罪し、いままで以上にタイピングの音に気を遣い、キーボードの下にはタオル、さらにデスクの脚の下に厚手のフェルトを敷くなど、階下に音が響かないように努めたという。

その甲斐あってか、しばらくは床下の音は聞こえなくなった。しかし、1ヵ月も経たないうちに床下から天井を叩く〝怒りの音〟が復活。しかし、この頃から理不尽な理由で怒られることが増えるようになった。室内を歩く足音がうるさいと怒鳴り込まれ、日中に洗濯機を回すと「俺が出掛けているときに使え」と言わんばかりに天井を何度も叩く。挙げ句の果てには、洗濯物を干すためにベランダに出たら、なぜか男性も外に出てきてこちらの様子をうかがうように身を乗り出してきた。

「これまで暮らしてきたアパートのなかには、ここより壁が薄い部屋もありました。ですが、ほかの住民とのトラブルは一切なかったんです。最初は私が悪かったのかもしれませんが、ここまでされるとストーカーみたいで気味が悪くて……」

この結果、Sさんは入居から半年で部屋を解約。そして退去時、不動産屋に階下の男性のことを告げたところ「これまでそういった問題はなかったんですが……怒っていたのは旦那様だけですか？　奥様やお子さんの様子はいかがでしたか？」と尋ねられて驚いたという。

「私の知る限り、男性はひとり暮らしだったはずです。もしかしたら私が入居する前に離婚したとか、別居中だったとか……そんな状況だったのでしょうか」

あくまでも推察に過ぎないが、男性は妻子と別れて不安定な精神状態だったのかもしれない。だが、何も知らずに入居した側からすれば、飛んだとばっちりだったと言えよう。

Sさんのように理不尽な理由で怒られるケースは、生活音以外にも存在する。東京都渋谷区のマンションで暮らす女性Oさんは、なんと「ペット可」の物件で「ペットを飼っているから」という理由で怒られたのだから驚きである。かねてから小型犬を飼いたいと考えていた彼女は、それを見越してペット可のマンションに入居していた。そして昨年、念願のシーズーを飼い始めたのだが、そこで初めて隣人が〝大の犬嫌い〟だったことを知ったそうだ。

「散歩から帰宅してエレベーターに乗ったとき、偶然にもお隣さんと一緒になりました。そうしたら『ペット飼い始めたの⁉　私が犬嫌いだと知っているくせに、嫌がらせか何かですか！』と怒り出したんです。もちろん彼女が犬嫌いだなんて初耳ですし、そもそもペットOKのマンションですし……。以前は顔を合わせれば笑顔で挨拶してくれる人だったのに、それからというもの、会うたびに『動物臭い』『気持ち悪い』などとイヤミを言われるようになりました」

実はこの犬嫌いの女性、マンションではなかなかの有名人で、ペットを飼っている入居者たちは幾度となく管理会社に相談していたそうだ。しかし、ペットに直接的な被害がないことから、管理会社はこの問題に対して消極的な反応だったという。

【ペット】
ペットフード協会の実態調査によると、2013年現在、犬・猫の飼育頭数は2061万5000頭。犬の飼育世帯は862万9000世帯で、猫の飼育世帯は553万6000世帯。

居住者間トラブルの具体的内容（複数回答）

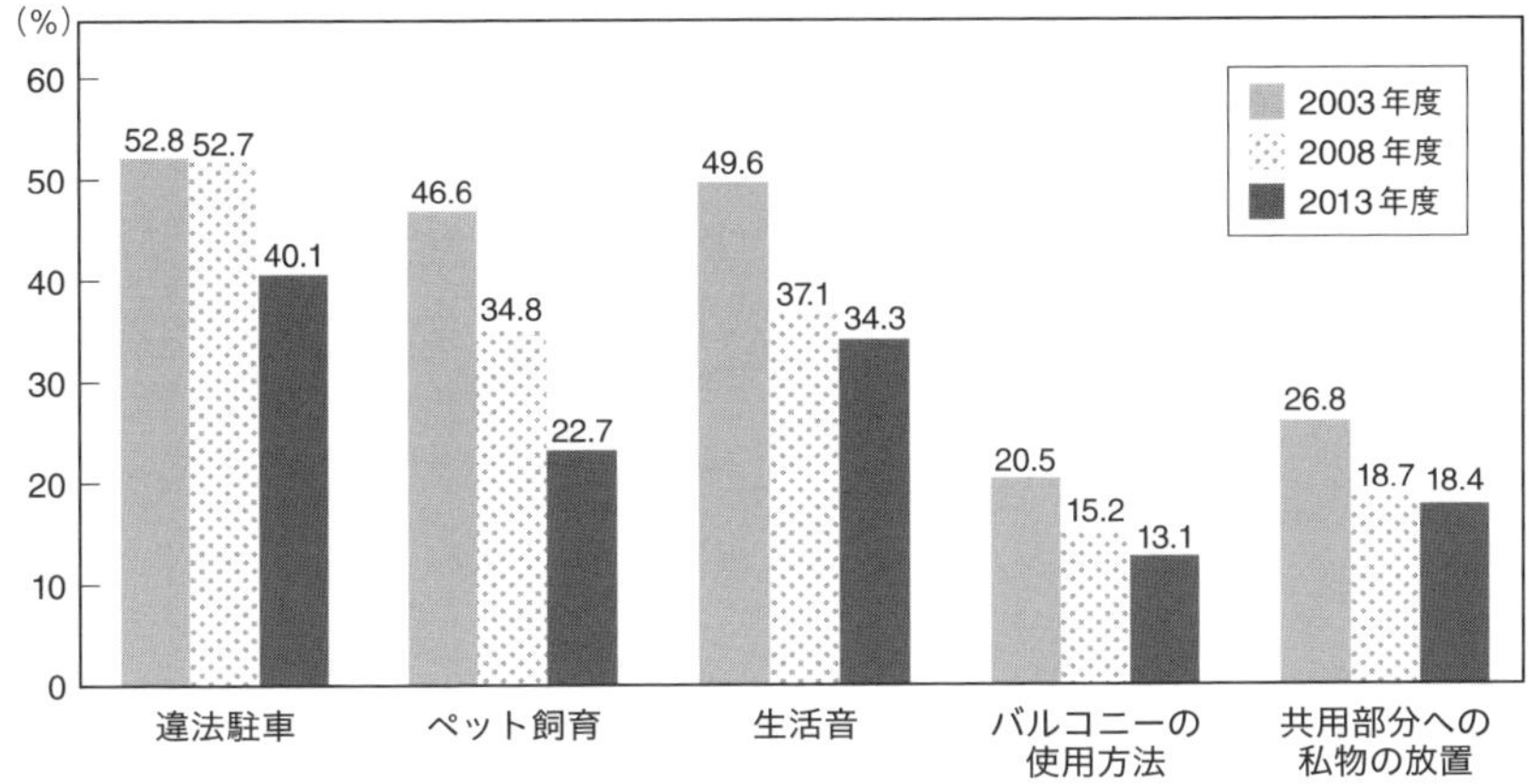

出典：国土交通省『平成25年度マンション総合調査』より

一見、ペット可の物件にペット嫌いが住むのは矛盾しているように思える。だが、決して珍しい話ではない。近年、ペット可の物件が増えているため、ペット嫌いの人でも仕方なく入居するケースが増えているのだ。

もちろん、ペットが嫌いだからといって、飼い主やペットに対して文句を言う人ばかりではない。しかし、余計なトラブルを抱え込まないためにも、ペット可の物件を借りる際は、いろいろと不動産屋に尋ねてみよう。ペット可だとしても「犬・猫のみ」「は虫類NG」「1匹まで」など、物件によって条件はさまざまだ。こうした細かい条件を確認するとともに、「過去にペットトラブルはありましたか？」と尋ねてみるといいだろう。トラブルの内容次第では、理不尽なクレーマーの存在が浮き彫りになるかもしれない。

帰宅するのが憂鬱になる周辺施設

嫌悪施設「NIMBY」を回避しろ！

「徒歩5分圏内にスーパーや大きな書店があったら便利」

物件を探す際、「便利な周辺施設があるかどうか」を検討材料とする人も多いだろう。しかし、便利な施設ばかりに目を奪われて、〝近くにあったら困る施設〟を見落としてはならない。

代表的なのは暴力団やカルト宗教の事務所だ。ガラの悪い構成員が近所を徘徊するだけでも不快だし、もしも抗争が起きて流れ弾が飛んできたら……などと考えると、気軽に外出もできない。カルト宗教も同様で、執拗な勧誘を受けるような事態は避けたいものだ。

このような嫌悪施設は「NIMBY（ニンビー）」と呼ばれ、ほかにもゴミ焼却場や工場などの騒音や汚染が予想される施設、墓地・火葬場などの心理的に忌避される施設、そしてパチンコ店やラブホテル・性風俗店など品位を低下させる施設などが挙げられる。

事前に調べれば容易に避けられる問題だが、しばしば入居後にNIMBYが建てられてしまうこともある。こうした場合、周辺住民による反対運動・退去運動が予想されるが、賃貸組は面倒事に巻き込まれる前にさっさと引っ越してしまうのも一案だ。

【NIMBY】
「Not In My Back Yard」の略で、直訳すると「自分の裏庭（近所）以外なら」。施設の必要性は認めるが、可能ならば自分の居住地域には建ててほしくない施設のこと。日本では嫌悪施設、忌避施設、迷惑施設などと呼ばれる。

入居先の近くに深刻なＮＩＭＢＹがあれば、不動産屋から説明を受けることもある。ただし問題なのは「どこまでが嫌悪施設なのか」という判断だ。ＮＩＭＢＹの説明において明確な基準がないため、説明する側の主観に委ねられることが多いのだ。

また、嫌悪施設が人によって異なる点にも注意したい。たとえば家族で入居するならば、近くに保育園があることを歓迎するかもしれない。しかし、ひとり暮らしにとっては不要な施設であり、ややもすれば園児の騒ぎ声を迷惑だと感じる場合もある。

施設からの距離も同様で、墓地に隣接した物件ならば説明されるだろうが、50ｍほど離れた物件では「説明の必要はない」と判断されることもある。とは言え、駅までのルートに墓地があれば、夜間の移動を怖がる人もいるし、そうなれば立派な嫌悪施設だろう。

意外なところでは公園にも注意したい。夜間に閉鎖されない公園は不良の溜まり場になったり、若者が騒いだりするケースが考えられる。また、緑が多い公園では夏場に虫が発生しやすく、向かいのマンションに大量の虫が侵入してくる場合もある。ほかにも、飲み屋街の近くならばマンションの前に吐瀉物、ガラス張りのビルを鏡代わりにダンスの練習をする若者……など、結果としてＮＩＭＢＹになりうる施設はさまざまなのだ。

こうした被害に遭わないためにも、あらかじめ〝自分にとってのＮＩＭＢＹ〟を明確にしておくことが大切だ。不動産屋に相談する際、「学校の近くは避けたい」などの具体的な要望を伝え、条件に合う物件をピックアップしてもらおう。

特約条項の有無をチェックする

なお、もしも近隣にＮＩＭＢＹがなかったとしても、暴力団やカルト宗教の関係者が同じマンションで暮らしていたとしたら、それはそれで居心地が悪い。

しかも厄介なのは、彼らがマンション内で一切トラブルを起こさずに暮らしていた場合だ。というのも、賃貸契約には「契約自由の原則」があり、貸し主は誰に貸すかを自由に決定することができる。ところが、一度契約を結んでしまうと、たとえ暴力団の組員だと発覚しても貸し主は一方的に契約を解除することができないからだ。

このため、契約時に必ず確認しておきたいのが〝特約条項〟である。特約条項とは通常契約のほかに設けられた追加項目のことで、ここに暴力団やカルト宗教に関する排除条項が記載されていた場合、彼らが関係者であることを理由に契約を解除できるのだ。

とくに暴力団を排除するための特約条項は、条例や警察によって推奨されている地域が多く、記載されている場合がほとんどだ。たとえば東京都では「東京都暴力団排除条例」が定められており、不動産をはじめとした契約に際して特約条項を設けることが推奨されている。ただし、あくまでも努力義務規定であり、強制力はない。特約条項が記載されていない契約書も存在するので、入居先の契約書に特約条項があるかどうかを必ずチェックしておこう。

NIMBYを避けるさまざまな理由

環境への影響	下水処理場、核施設、軍事施設（自衛隊を含む）など
風紀・治安の悪化	性風俗店、ラブホテル、パチンコ店、刑務所、暴力団事務所など
騒音・臭気	工場、ゴミ処理場、線路・空港などの交通機関など
精神的不安	墓場、火葬場、精神科病院、カルト宗教の施設など
その他、人によってはNIMBYになりうる施設	大型ショッピングモール（不特定多数の人が集まる、路上駐車が増える）、幼稚園・小学校（うるさい、子供が嫌い、ドライバーにとって交通事故の心配）、公園・川（夏場の虫害）

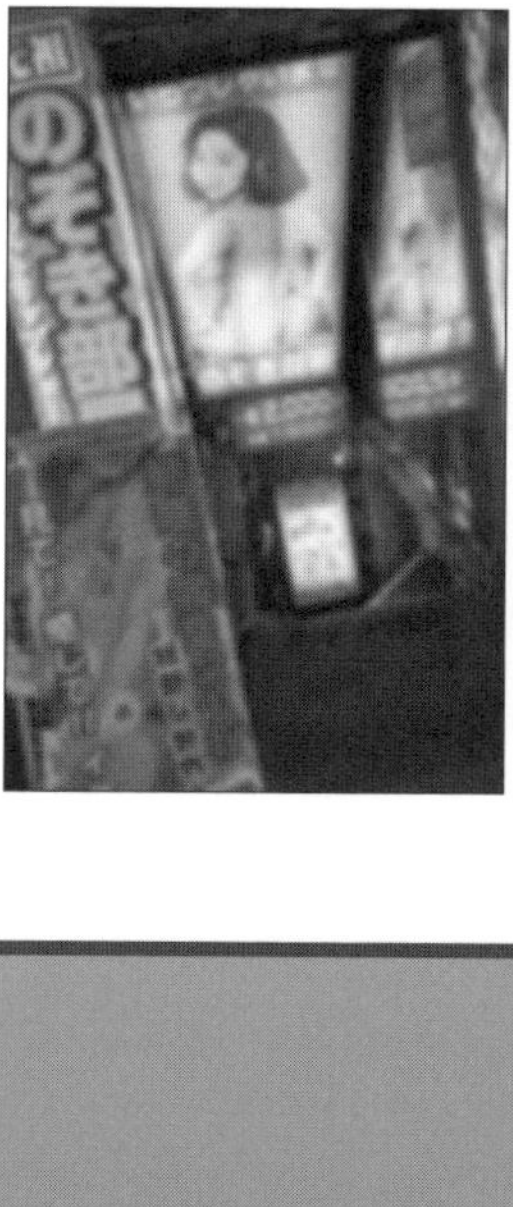

人によって基準は異なるとはいえ、性風俗店は大半の人にとって「NIMBY」の代表格。駅近の物件は便利な反面、「NIMBY」が集まりやすいので注意が必要だ。

命を脅かす物件周辺の交通事情

アパート前の道路が抜け道だった！

「『いつか車に轢かれるのでは……』と、怯えながら生活しています」

2013年3月、大学を卒業したMさんは、就職を機にひとり暮らしを開始した。長野の実家を離れ、移り住んだ先は埼玉県南部のとあるアパート。部屋探しの時期が遅かったため、内見をすることなく契約したのだが、これが大きな間違いだった。

「アパート自体は想像していたよりも綺麗で、何の不満もありませんでした。ただ問題だったのは、アパートの前に面した道路です。狭い道路にもかかわらず交通量が非常に多く、どの車も異常なスピードで走り抜けていくんです」

Mさんのアパートは、一見すると閑静な住宅街に位置しているように見える。ところが、半径3㎞以内には高速道路のインターチェンジや国道・県道といった幹線道路が伸びていた。不運なことに、このアパート前の道路は、地元で有名な〝抜け道〟だったのだ。

道路には歩道が存在せず、白線によって区切られた路側帯だけ。車同士がすれ違う際には路側帯ギリギリを通過することになるが、走り慣れたドライバーたちにスピードを緩める気配は見られない。しかも路側帯の幅が１ｍに満たないため、この道路では「歩行者たちのすぐ横を猛スピードの車が通り抜けていく」という危険な光景が日常となっているのだ。

「日中の明るい時間帯ですら危ないのに、帰宅する夜はさらに危険です。まるで歩行者に気づいていないかのように、ギリギリで通過していきますからね。同じアパートの人は『事故が起きたという話は聞いたことがない』と言っていましたが、いつ事故が起きてもおかしくないですよ」

Google Earthなどを利用すれば、いまや簡単にネット上で道路の様子を確認することができる時代だ。実際に、一部の賃貸サイトではGoogle Earthを用いて周辺エリアの様子を紹介している場合もある。しかし実際に道を歩いてみると、写真では気づかないような問題に気づくことも多い。

今回のような「車が抜け道を猛スピードで走る」という問題は、その典型例と言えよう。Ｍさんのケースでは、時間がないからと内見を怠ったことが仇となったわけだ。間取り図や内観写真だけを見て満足してしまうと、こうした物件以外の問題に悩まされることになる。

一方、実際に交通事故が多発する道路においては、さらなる注意が必要だ。たとえば全国各地に存在する〝魔のカーブ〟。「急勾配で急カーブ」「トンネルを抜けた直後のカーブ」「街灯が少ないため、夜間は気がつきにくいカーブ」など、さまざまな原因事故が引き起こされる。

魔のカーブは中央道の阿智パーキングエリアや阪神高速の若宮カーブなどの高速道路が有名

【交通事故が多発する道路】
たとえ、ある建物の目の前の道路で死亡事故が起こったとしても、その建物が事故物件扱いされることはない。そのためか、交通事故については警察が詳細に現場の情報を公開している。駅での人身事故についても、国土交通省が情報公開請求に応じており、それに基づいて「鉄道人身事故マップ」（http://kishadan.com/jikomap/）も作成されている。

だが、我々が気をつけるべきは住宅エリアにある魔のカーブだ。たとえば富山県高岡市には「横田町の魔のカーブ」があり、曲がりきれずに道路脇の民家に突っ込む車が後を絶たない。

交通事故の多い道路沿いの物件を避けるのはもちろんだが、移動中に事故に巻き込まれることがないように、駅から物件までの動線にも事故多発地帯の有無を調べる必要があるだろう。

また、都市部から地方へ引っ越した際に気をつけたいのは道路脇の〝側溝〟だ。都会で生まれ育った人には信じられないかもしれないが、地方の側溝には蓋がなく、むき出しになっているケースが多い。東京から静岡に移り住んだKさんは、地方暮らしの利便性を考慮して車を購入。マンションの駐車場代が東京とは比較にならないほど安く、維持費も悪くない。嬉々として新車を乗り回していたところ、ほどなくして蓋のない側溝に気づかず脱輪してしまった。

「脱輪したのは片側の前輪でしたが、４ＷＤだったために何とか脱出することができました。でも、車体の傷やシャフトの損傷があったため、修理に30万円も掛かりました」

彼が借りたマンションは住宅街に位置しており、周辺の側溝はほとんどがむき出しだった。このため車で移動する際は、必ず行きと帰りに〝側溝の恐怖〟を味わう羽目になったという。

「側溝に蓋がある地域も多いので、事前に知っていればいまのマンションを借りることはなかったでしょう。夜間の歩行中、側溝に脚を突っ込んだこともありますし、本当に危ない。いまは慣れましたが、当時はとにかく憂鬱でした」

地方へ移り住む際は、くれぐれも側溝にご注意を。

交通事故多発地帯は全国に存在する

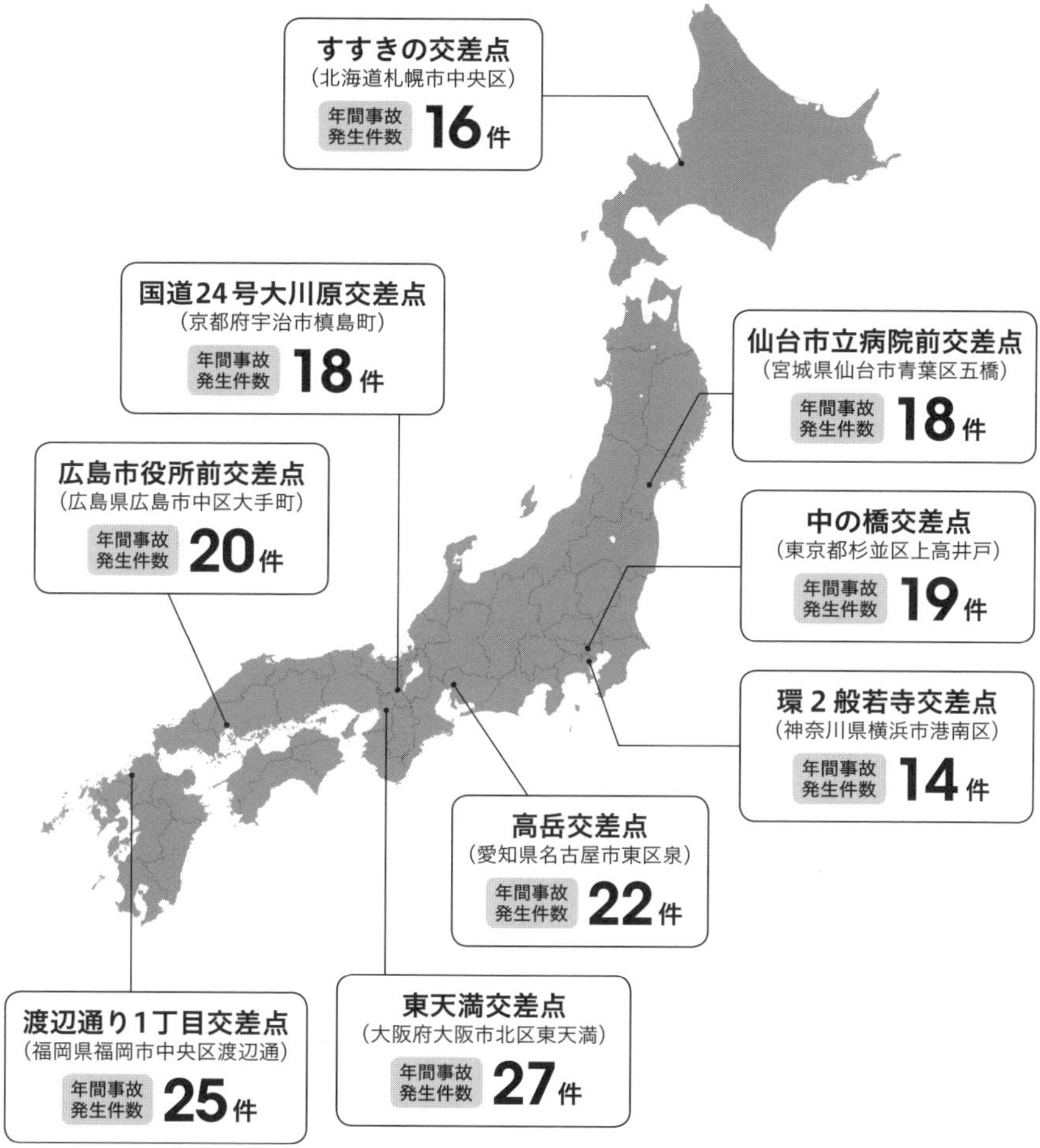

出典：日本損害保険協会のデータをもとに作成。事故件数は2012年のもの

地名に「谷」や「沼」が入ると水害&地震に注意

地名に潜む〝地形の特徴〟を見逃すな

2000年代に入ってから急増し始めた集中豪雨。気象庁の統計によれば、1時間当たり50㎜を超える豪雨の回数は、1980年代に比べて大幅に増加しているそうだ。増加の原因は明らかになっていないが、いずれにしても我々が気をつけるべきは水害である。

集中豪雨による被害というと川の氾濫を連想しがちだが、それだけではない。山間部では土砂崩れの恐れがあるし、窪地ならば浸水被害も起こりうる。火災保険に水害補償があれば、一定額の保険金が支払われるだろう。とはいえ、使い物にならなくなった家具や家電が戻ってくるわけではない。このため、水害が起こりにくいエリアで物件を探すのが賢明だ。

そこで参考にしたいのが、各自治体が作成した「洪水ハザードマップ」だ。台風や集中豪雨が発生した際、浸水が想定される区域を公表しているほか、洪水予報の伝達方法や避難場所などが記載されている。たとえば世田谷区の洪水ハザードマップを見ると、多摩川沿いに浸水想定区域が集中しているのが分かる。しかし川沿いすべてが危険とも限らず、多摩川から1㎞近く離れた喜多見三丁目が浸水想定区域に指定されている一方で、川の目の前に位置する二子玉

【洪水ハザードマップ】
各地の情報は「国土交通省 ハザードマップポータルサイト」(http://disapotal.gsi.go.jp/)で閲覧可能。洪水だけでなく、地震、津波などあらゆる災害に関する地域情報を確認できる。

川駅周辺は無事という判断なのだ。高低差によって浸水の状況が異なるのは当然だが、こうした事実は地図を眺めているだけでは気づきにくい。また、実際に現地を下見したとしても、洪水時にその区域が浸水するか否かの判断は、はっきり言って素人目では不可能だ。

だからこそ、洪水ハザードマップを活用してほしいのだが、これ以外に水害の可能性を見抜く方法として「地名」を見てみよう。しばしば地名には、その土地の特徴を表す文字が入っている。もしも「谷」などの高低差を意味する漢字が使用されていたら、その土地は要注意というわけだ。先ほど紹介した「世田〝谷〟」も例外ではなく、過去に集中豪雨が発生した際には、多摩川から遠く離れた三軒茶屋や池尻でも浸水被害が起こっている。

また「沼」が含まれる地名にも気をつけたい。文字通り、過去に沼地だった可能性が高く、地盤が緩い地域が多いのだ。たとえ地盤改良済みでも地盤沈下の危険性は拭えず、地震の際には周辺地域に比べて揺れが大きくなりやすい。なお、地震発生時の揺れに関しては、内閣府が発表している「表層地盤のゆれやすさ全国マップ」を参考にしたい。このマップによれば、関東平野や大阪平野などの人口が集中する平野部は柔らかい地層に覆われているため、地震の際に揺れが大きくなるのだという。マイホームならば自分の判断で可能な限りの耐震補強を行うこともできる。しかし、賃貸物件では難しい。だからこそ、少しでも地盤の固い地域を探し、リスクを避けるべきである。平野部のなかにも、地盤の固い地域は存在している。地震大国で暮らしている以上、自分が住む地域の地盤については、しっかりと把握しておきたい。

COLUMN

04

不法侵入者は〝前入居者のストーカー〟！

新生活開始直後に届いた差出人不明の奇妙な手紙

2010年2月、大学卒業を目前に控えたOさん（20代男性・会社員）は、就職を機に勤務地である神奈川県へと引っ越した。

それまで暮らしていたのは東京都。通勤も可能だったが、初めての社会人生活とあって心機一転。会社から電車で10分程度の場所に部屋を借り、新しい生活をスタートさせることにした。借りたのは築25年の賃貸アパートだったが、数年前にフルリフォームを済ませたばかりのために室内は綺麗。そして何と言っても駅近の1DK（28㎡）ながら、家賃5万円台という安さが決め手だった。

新居に移ってから2週間ほどが経過し、ようやく新しい土地に慣れ始めたOさん。そんなある日、彼の元に一通の手紙が届いた。

「宛先も差出人も書かれていない水色の封筒で、切手や消印もありませんでしたが、このときは『誰からだろう?』程度の認識でした。不思議に思いながら手紙を読むと、女性の筆跡で『会いたい』や『やりなおそう』といった復縁を求める内容でした。ただ、僕には心当たりがありませんし、文中に登場するのは別の男性の名前です。すぐに自分宛ではないと気がつきました」

おそらく、この女性は部屋番号を間違えたのではないか。しかし次の瞬間、引越時の出来事を思い出した。彼のアパートは全4戸だったため、せっかくだからと3戸すべてに挨拶をしていたのだが、住人はすべて女性だったのだ。

ということは、残る可能性は前の入居者だろうか。前の入居者が引っ越した旨を伝えたくとも、手紙には連絡先が書かれていない。面倒だが、近いうちに管理会社に連絡することを決め、この日は就寝することに。

だが、次に目覚めたのはこの日の深夜、突如として室内に響いたインターホンの音だった。時計を確認すると、針は午前3時を指している。こんな時間帯の来訪者など、どう考えても普通ではない。恐怖が先行してベッドから出られずにいると、再びインターホンが鳴った。仕方なくベッドから出て、足音を立てないように玄関に向かう。そして息を潜めながら玄関のドアスコープを覗くと、扉一枚隔てた先に立っていたのは、20代半ばと思わしき見知らぬ女性だった。

何やら呟いているように見えるが、扉越しには聞き取ることができない。その姿がかえって不気味さを増し、Oさんは施錠してあることを確認してからベッドに潜り込んだ。幸いにも、このあとインターホンが鳴ることはなかったが、結果として眠れない夜を過ごす羽目になった。

女性の正体とともに発覚した管理会社の悪質な嘘！

翌朝、外の様子を窺ってみると、すでに女性に姿はない。しかし、その代わりに再び郵便受けには差出人不明の手紙が入っていた。

「一通目の手紙とは打って変わり、書き殴ったような筆跡でした。文面は『お前は誰だ』や『彼をどこへやった』のほかに支離滅裂な内容も……」

怯えたOさんは部屋を飛び出して友人の元へ避難。警察に相談することを勧められたが、手紙を置いてきたことに気づき、友人に頼んで一緒に帰宅することにした。そして周囲に気をつけながら玄関を開けると、なんと室内に例の女性が……。

この後の展開は早かった。友人が女性を取り押さえ、警察に通報。合わせて管理会社にも連絡をとり、ほどなくして全容が明らかになった。

やはり女性は前入居者の元恋人で、復縁を迫るなかでストーカー化したようだ。悩んだ前入居者は女性の両親に相談し、千葉県の実家に連れ戻されたという。その後、前入居者は女性に黙って部屋を退去したが、何も知らない女性は実家を脱走してOさんのアパートまでやってきた。

一通目の手紙を郵便受けに入れたあと、離れた場所から様子を窺っていたが、部屋から出てきたのは前入居者ではなくOさん。ここで被害妄想にかられ、Oさんを「私たちの仲を引き裂く敵」と認識してしまった。そして深夜の来訪を経て、Oさんの外出を確認して室内に侵入。元カレの手掛かりを探そうとしたが、何も見つからずに途方に暮れていたところ、友人と一緒に帰宅したOさんと鉢合わせた……というワケだ。

「完全にとばっちりだったのですが、別の問題も明らかになりました。それは、女性が侵入する際に〝合鍵〟を使用していたことです。入居時に『鍵交換済み』と聞いていたはずなのに、実は交換していなかったんですよ。また、前入居者も急いで退去したため、ストーカーの件を管理会社に報告せず、合鍵を返却していないことも黙っていたそうです」

その後、Oさんは女性の両親、前入居者、管理会社から謝罪を受け、管理会社からは家賃の値下げを提案されたという。しかし、あの夜の恐怖が忘れられなかったことと鍵交換の嘘を理由に、わずか入居1ヵ月で退去を決めたそうだ。

第5章

住めば都なんて大嘘！

――住んでから発覚するトラブル――

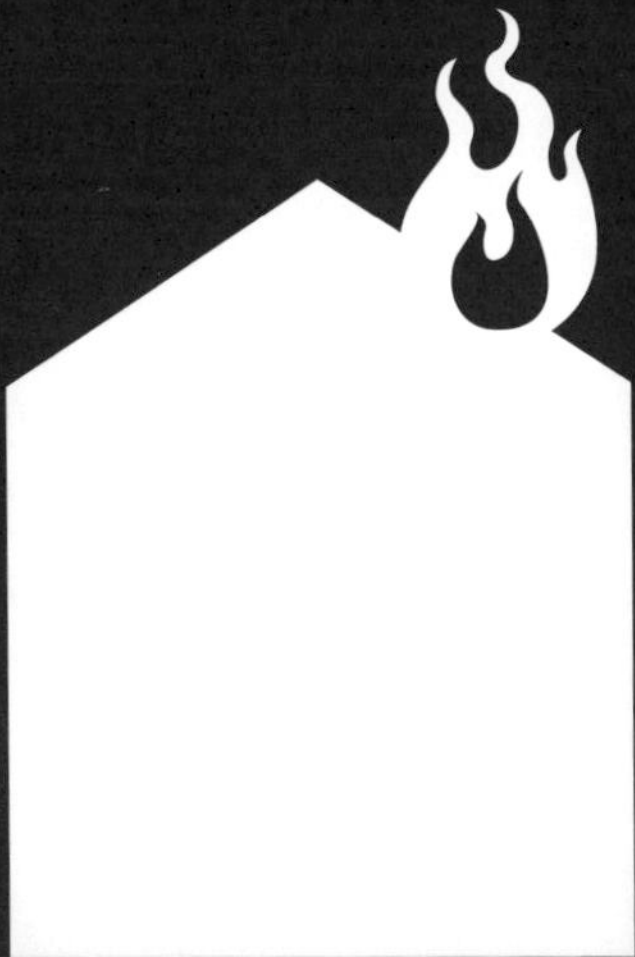

理想の部屋が見つかり、無事引っ越すことに
そわ
そわ
早く新居に行きたい♡
ピンポーン
エキゾチック引越センターでーす
来たっ
ぞろぞろっ
引越屋さん外国人ばっかじゃん!
コンニチワー
たしかにエキゾチック…
ちょっ!丁寧にやってくださいよ!
Oh!
ゴメンネー
アーハーン?
ギ
ギ
ギ
ガシャン
グラス
こっちでは喧嘩し始めた!
ギャア
ギャア
やーめーて
引越完了
あぁ…お気に入りのグラスが
でもコレで一段落…
気分転換に何かいいもの食べに行くか!
寿司!?
リサーチリサーチ♡
焼肉!?
敷金が返って来ることだし～♡
あれ、前の不動産屋から?
ブブブ

あ、日越さん？敷金のことなんだけど
足りないから5万追加で払ってくださいね
えっ!?
さらば寿司…
うぅっ…ソバでもゆでるか…
そば
でもまあ、前よりいい部屋に住めたし…
LIVE
昨日未明、河川敷で遺体が～
ガッ
こちらが現場マンションです。犯人は～
××コーポ
はぁあああああああああああ!?
嘘でしょ!?ここが事故物件になるなんて
こうなったら…
ガヤ
ガヤ
コーポ
ヤケくそっ!
さっそく大島てるに投稿しちゃお～っと☆
引越を通して妙な強かさを身につけたミサであった。

損をしない引越業者の選び方

相見積もりで重要な3つのポイント

新しい部屋に移るとき、多くの人が利用するのが引越業者だ。荷物が少なければレンタカーで済むかもしれないが、ベッドや本棚など大きな家具の積み卸しは、友人と二人掛かりでも重労働。やはりプロに頼むのが一番だが、頻繁に利用するものではないだけに業者選びで迷うこともある。

引越で気になるのは、まずは何と言っても引越費用。一般的に単身者ならば4～6万円、家庭（4人家族）ならば10～25万円が相場とされるが、あくまでもこれは目安である。プランや移動距離、曜日・シーズンによって価格が大きく異なることを頭に入れておきたい。

引越業者を選ぶ際は〝相見積もり〟で比較する人も多いだろう。複数の同業他社に同じ条件で見積もりを出してもらい、そのなかから最も条件の良い業者に依頼する方法だ。このとき、押さえておくべきポイントは「同じ日にすべての業者に見積もりを出してもらう」「見積もりを依頼する業者の数」「引越プランの再確認」の3つである。

まず、同じ日に見積もりを出させる理由は営業マン対策だ。見積もり依頼後、下見のために引越業者から営業マンが訪れるが、このときほとんどの営業マンは「いま決めてくれればこの値段で済みますが、あとになると値段が上がるかもしれない」と決断を迫ってくる。

実際、決めかねている最中に別の引越案件が入れば、値段が上がってもおかしくはない。業者の予定が埋まれば引越予定日の変更も余儀なくされ、そこでまた費用が上がる可能性も考えられる。だからこそ、すべての見積もりを同じ日にして、その日中に返答する必要があるのだ。

そこで、営業マンに即決を求められた場合、次のように答えるのがコツだ。

「今日はほかの業者にも見積もりを依頼しているので、本日中の返答でいいですか？」

たいていの業者は納得してくれるが、それでも「いま決めないとダメ」と言われたら、たとえ魅力的な見積金額だったとしても、その時点で断った方がいい。というのも、この程度の融通が利かない業者は、当日の引越作業でも対応に問題が出る可能性が高いからだ。

次に見積もりを依頼する業者の数だが、これは4～5社が理想的だ。2～3社の場合、もしも1社の条件が悪かったら、消去法的に業者を選ぶことになるため、理想の条件からほど遠くなる恐れがある。一方、多すぎると1日ですべての相見積もりを出せず、その日中の返答が不可能になってしまう。見積もりに掛かる時間は、単身者ならば1時間弱が目安。余裕を持って1時間半おきに予定を組んでも、4社で6時間、5社で7時間半も掛かる計算だ。つまり、相見積もりに1日を費やすとしても、4～5社が限界なのだ。

最後に、意外と忘れがちなのがプランの再確認。同じ条件で見積もりをお願いしたとしても、業者によってプランに細かい違いがあることを忘れてはならない。たとえば、A社が最安値だったとしても、荷重料金が発生した場合はB社の方が安く済むこともある。ほかにも破損や紛失時の保険適用範囲など、業者やプランごとに異なる契約内容を見定めた上で業者を選びたい。

ちなみに、見積金額よりも高く請求されたからといって「悪徳業者」と決めつけるのは早計だ。当初の見積もりよりも高額になった場合、その原因は依頼主にあることが多いからだ。下見のときよりも荷物が増えた、梱包が終わっていなかったなどや、道の狭さやエレベーターの有無など、状況報告を怠っていると、想定外の作業負担が発生するため、追加料金を請求されることがある。自分の非を棚に上げて騒ぎ立てることがないよう、充分に気をつけたいものだ。

「とにかく引越費用を安く抑えたい！」という人のなかには、最安値のプランを頼む人もいる。たとえば近年増えている「フリー便」などが例に挙げられる。フリー便は時間指定ができない代わり、通常よりも費用が割安になるプランで、多くは「午前便」と「午後便」に分けられる。

注意したいのは午後便で、彼らは日中に何件もの仕事をこなしているため、作業のパフォーマンスが落ちていることが多いのだ。また、当日に「15時頃になります」と連絡を受けても、それはあくまで目安。実際には夕方から作業が始まることもあり、完了が夜になってしまうことも。この場合、新居の到着が遅れてガスの開栓が間に合わない、隣人から苦情が来る……といったリスクも数多く考えられるので、安いからといって安易に飛びつくのも考えものだ。

引越費用を安くするポイント

安くなる！		高くなる！
閑散期（とくに1月、11月）	時期	繁忙期（3月下旬～4月上旬）
近い	距離	遠い
少ない	荷物の量	多い
少ない	作業員数	多い
自分でやる	荷造り	業者に頼む
中小企業	業者の規模	大手企業
不動産会社・大家からの紹介で連絡	引越会社への連絡	自分で探して連絡
候補日が多い	引越日の候補	候補日が少ない
平日	引越日の曜日	土日祝
月の中旬	引越日の時期	月初・月末
早朝・夜間	引越の時間帯	昼間

敷金トラブルに巻き込まれないために

不動産屋と大家は敷金を搾取する!?

部屋を退去する際、しばしば起こるのが退去清算に関わる金銭問題――いわゆる「敷金トラブル」である。

「敷金がほとんど返ってこなかった」と嘆く人もいれば、「敷金だけでは修繕費が賄いきれず、さらにお金を請求された」と憤る人も……。そんな敷金トラブルに巻き込まれないよう、ここでは〝敷金を不当に差し引かれない方法〟を紹介していくが、まずは敷金に関する正しい知識を身につけておきたい。

そもそも敷金とは、賃貸物件の入居契約時、家主に預けておく〝担保金〟のことだ。敷金が使用される用途は大きく2つ――「家賃を滞納した際の立て替え費用」と「入居者の過失によって起きた損傷の修繕費」である。つまり家賃を滞納せず、なおかつ修繕が必要な損傷もなければ、敷金はほぼ全額が返金されるわけだ。

しかし、どれだけ部屋を綺麗に使っていても、敷金が返還されないことがある。それはなぜかというと、敷金から補填する必要のないものにまで敷金が利用されているからだ。

東京都三鷹市のアパートに住んでいたIさん（20代男性・大学生）は、退去時に不動産屋から提示された修繕見積額に唖然としたという。家賃5万円の1Kアパートで、入居時に預けた敷金は家賃2ヵ月分。入居していた2年間、綺麗に使用していて目立った損傷もなかったそうだが……。

「壁紙の全交換、畳表の総張り替え、ハウスクリーニング、エアコン清掃などを告げられ、締めて請求額は14万円でした。壁紙は小さな擦り傷を理由に『この部屋の壁紙を交換すると、内装に合わせて台所の壁紙も替えなくてはいけない』と言われておかしいと感じましたが、もっと酷かったのは畳です。『古くて痛んでいるから』と説明されましたが、畳の古さは入居時からのもの。『なぜ前の人の退去時に交換せず、僕の敷金から引くんですか』と抗議しましたが、取り合って貰えませんでした」

初めての退去清算で勝手が分からなかったIさんは、この請求を泣く泣く承諾。敷金が戻るどころか、追加で4万円を振り込む羽目になった。

Iさんのケースは、言うまでもなく不当な見積もりである。ここで重要となるのは、敷金トラブルにおいて欠かせない「原状回復義務」だ。原状回復義務とは、簡単に言えば「部屋を退去する際、借り主は入居時の状態にできるだけ近付けなくてはいけない」ということ。あくまでも「できるだけ近付ける」であり、「完全に入居時の状態に戻す」という意味ではないのがポイントだ。

かつては原状回復義務の定義が曖昧で、不当な見積もりが頻繁に行われていた。そこで1998年、建設省（現・国土交通省）は『原状回復をめぐるトラブルとガイドライン』を設定。「原状回復は借り主が借りた当時の状態に戻すことではない」との旨が明確化されたほか、通常の使用や経年変化による損耗の修繕費は、敷金ではなく〝家賃に含まれるもの〟と定められたのだ。

Iさんのケースをガイドラインと照らし合わせると、少なくとも壁紙の総張り替え・畳の総入れ替え・エアコン清掃は、借り主が負担する必要はない。しいて挙げれば壁紙は負担する可能性もあるが、それでも損耗した箇所の壁紙1枚のみである。色や種類を合わせるため、ほかの面もすべて張り替える場合、その費用は貸し主側が負担しなくてはいけないのだ。

なお、本来ならばハウスクリーニング代も貸し主負担だが、東京の賃貸物件の9割近くは「入居者負担」の特約が設けられている。そのために裁判でも判決が分かれるところだが、借り主が特約内容を理解していて、かつ金額が妥当であれば借り主負担となるのが一般的だ。クリーニング代の目安は1㎡あたり1000円程度が上限であり、これを基準に妥当か否かを判断するといい。

以上のことから、Iさんが本来負担する費用はハウスクリーニング代のみの2万円強が適正価格。壁紙の傷が過失だったとしても、1面のみの負担はプラス数千円程度である。

【原状回復をめぐるトラブルとガイドライン】
退去時の原状回復をめぐるトラブルを防止するために定められたガイドライン。国土交通省のHPからダウンロード可能なので、賃貸生活を送っている人は、ぜひ一度は目を通しておきたい。

貸し主が負担するもの・借り主が負担するもの

ガイドラインが定められた現在においても、Iさんのように不当な差し引かれによる敷金トラブルは後を絶たない。というのも、借り主側が正しい原状回復義務を認識しておらず、不動産屋や家主に押し切られてしまうことが多いからだ。

では具体的に、どこまで借り主負担となるのか？ 主要項目ごとに解説していこう。

【壁・壁紙】

・貸し主負担……日焼け、電気焼け、画鋲の穴
・借り主負担……釘穴、ネジ穴、タバコのヤニ

家具による壁紙の日焼けや家電製品の背後に生じる電気焼けは、一般的に貸し主の負担だ。ただし、家電製品には壁などと一定の距離を設ける「推奨設置距離」があり、これは説明書などに記載されている。この距離を守らずに設置すると、著しい電気焼けが生じてしまうのだ。この場合は借り主の過失と認められるため、くれぐれも気をつけてほしい。

画鋲の穴に関しても、カレンダーなどの生活に必要なものは問題ないが、吊っていたものの重みなどで穴が大きく広がっていたら借り主負担になることも。また、タバコのヤニは借り主負担であり、喫煙していた部屋すべての壁紙が交換となるので、修繕費の大幅アップは覚悟し

ておくこと。

【床】

・貸し主負担……日常生活による汚れ・傷

・借り主負担……過失による大きな汚れ・傷、引越時や模様替えの際に生じた大きな傷

床の損耗は、傷の深さや大きさによって判断される。気をつけたいのは引越時に業者がつけてしまった傷で、もしも気づかないままだと借り主の負担となる。引越の前後で室内に傷が増えていないかを確認し、業者負担となるのか賃貸の保険が適用されるかを調べておこう。

借り主が負担する場合、洋室ならば損耗の度合いによって補修か交換を決めるが、和室は損耗した畳だけを負担するのがルールだ。壁紙と同様、「バランスが合わないから全交換」と言われても、借り主が損耗させた畳以外は負担する必要はない。

【水回り】

・貸し主負担……日常生活による汚れ

・借り主負担……掃除を怠った際のカビ、水垢

床と同じく、日常生活による汚れは問題ないが、厄介なのは定期的な掃除を怠ってカビが発生した場合だ。賃貸物件に入居する以上、最低限の掃除を行うのが借り主の義務であるため、水回りに発生したカビの除去費用は借り主負担である。放置したカビ汚れは退去前に慌てて掃除しても取り除くことが非常に難しいので、日頃からマメに掃除しておこう。

【鍵】

・貸し主負担……交換時

・借り主負担……破損、紛失、または特約による

破損や紛失した場合は当然ながら借り主が負担する。退去後の鍵交換費用は貸し主だが、特約に「入居者が退去時に負担すること」と記載されていた場合は借り主負担となる。

【その他設備の不具合】

・貸し主負担……通常使用の故障・不具合

・借り主負担……過失による故障、報告を怠った際の状態悪化

シャワーの水漏れ、インターホンやエアコンの故障といった設備の不具合は、過失でない限りは貸し主が負担する。ただし気をつけたいのは、不具合を報告せずに状態を悪化させた場合だ。たとえば水道の設置面がグラグラしていたら、早めに報告して修理してもらえば何の問題もない。しかし放置したまま利用して設置面が破損したら、それは借り主の過失と見なされる。状態が悪化するほど修繕費が高くなるケースがほとんどなので、不具合を発覚したら必ずすぐに報告すること。

なお、「過失による損耗は借り主負担」が原則だが、憶えておきたいのが経年劣化だ。たとえば同じ部屋に10年間暮らしていたら、あらゆる箇所が損耗するのは当然のこと。これらすべて

を借り主が負担することがないよう、国土交通省は「経年劣化による費用負担割合」を定めている。簡単に言えば「長く利用していれば損耗するのは当たり前だから、経過した年数に応じて借り主の負担割合を軽減してあげよう」という、ありがたい取り決めなのだ。

たとえば壁紙の耐用年数は6年であるため、退去時期が3年目だったら借り主の負担は50%。入居の時点で耐用年数が6年を超えていたら、入居時から借り主の負担はゼロとなる。主要設備の耐用年数はそれぞれ異なるので、念のため入居時に「いつ新品に交換したのか」を確認しておこう。

立ち会い時の交渉に有効な「入居時の写真記録」

退去から敷金返還までの一般的な流れは、おおむね次の通りだ。

①退去時に不動産屋（あるいは大家）の立ち会いのもとで室内の状態をチェック
②原状回復に必要な修繕費の見積もり
③原状回復後、修繕費を差し引いた敷金を返還

このなかで気をつけるべきは、何と言っても①の立ち会いだ。不動産屋は入居時との比較で損耗具合を調べるわけだが、入居前から存在していた傷が査定対象に含まれることがある。ここで入居者が反論しても、証拠がなければ納得させるのは難しい。不動産屋の記録から漏れて

いる可能性も考えられるし、既存の傷だと知りながら指摘してくる悪徳業者もいるのだ。

このとき、絶大な効果を発揮するのが、入居時に撮影した写真である。あらかじめ入居時（引越前が理想的）に傷や損耗具合をチェックし、記録に残しておくのだ。これらの記録を立ち会いの場で提示すれば、トラブル回避率が大幅に上昇するだろう。また、記録を所有している借り主は「敷金返還の一定の知識がある」と判断され、貸し主側としても〝騙しづらい〟のだ。

見積額が出たら、内訳を見て不自然な点がないか確認しよう。

一般的に解約後１ヵ月程度で敷金が返還されるが、明らかに返還額がおかしいと感じたら、ここからでも内容証明郵便や少額訴訟制度によって敷金を取り戻すことはできる。こうした場合にも、入居時の写真記録は証拠として有効だ。

ただし、進学や転勤など引越には新しい環境のスタートと重なりやすいため、手間を掛けてまで数万円の敷金を取り戻さなくても……と諦めてしまう人も多い。

敷金トラブルを防ぐカギは、貸し主と借り主が、お互いにどれだけ原状回復の正しい知識を持っているかにある。だからこそ、立ち会い時の意見交換・交渉が重要なのだ。

相手は交渉に長けたプロだが、それに怯えていたらつけこまれてしまう。正しい知識と写真記録を武器に、納得できない部分は勇気を持って主張し、詳しい説明を求めよう。

【少額訴訟】
60万円以下の金銭の支払いを求める訴訟で、原則として１日で審理が終わる。訴訟は、訴える相手の所在地を管轄する簡易裁判所に行う。証拠や証人さえ準備しておけば、あとは裁判所書記官や四法印のアドバイスを受けられるため、特別な知識は不要。

ルームシェアの落とし穴

友人同士よりも他人同士の方が長続きする!?

近年、新しい生活スタイルとして人気が高まっているルームシェア。マンションの一室や一軒家などの賃貸物件を複数人で共同使用する居住形態で、最大のメリットは経済面にある。

たとえば東京都世田谷区では、1DKの家賃相場が9万円強であるのに対し、3DKは13万円台。後者を3人で借りれば、単純に三等分してもひとり当たりの家賃は1DKの半額以下だ。また、すでにルームシェアをしている部屋に入居する場合は「敷金・礼金の負担は不要」というケースが多いため、少ない初期費用で入居先を確保できるのも大きい。

世田谷区の1DKの物件にひとりで入居するとしたら、敷金・礼金がそれぞれ1ヵ月でも初期費用は引越代も含めて30万円は下らない。一方、ルームシェアで3DKの物件に3人目として途中入居するならば、初期費用は家賃1ヵ月分と引越費用のみで10万円前後。「保証金」として1ヵ月分の家賃を余分に預かる場合もあるが、それでも負担額の差は一目瞭然である。

とは言え、家族以外と共同生活を送るのは、想像以上にトラブルが起きやすいものだ。とくに多い失敗例は「友人同士で初めてのルームシェア」というパターン。東京都在住のAさん

【ルームシェア】
2000年代に入り、シェアハウス事業に参入する企業が急増しており、2000年からの14年間でシェアハウス事業者数は20倍以上に膨らんだ。

（20代男性・会社員）も、かつて友人とのルームシェアで失敗したひとりだ。Aさんは高校卒業後の上京時に、友人とふたりでルームシェアを開始。思ったことは何でも言い合える間柄だったため、共同生活でもストレスを溜め込むことはないだろうと考えていた。ところが……。「家事や生活習慣に関する口論が増えて、1年も経たずに解散となりました。掃除の頻度や水回りの使い方、さらには『使ってない部屋の照明はこまめに消せ』『シャワーが長くて水道代がもったいない』といった細かいところにまで文句が及ぶようになり、最後は互いにあら探しをする始末……。仲の良い友人とはいえ、お互いの生活までは把握してませんでしたからね」

気心の知れた友人でも、意外と上手くいかないのがルームシェア。最低限の配慮は必要で、面識のない他人との共同生活の方が長続きすることが多いという。ただし興味深いことに、数年後にAさんは再びこの友人とルームシェアをして、良好な関係のまま暮らしたそうだ。「お互いに大人になったというのもありますが、最大の理由は〝3人暮らし〟だったこと。もうひとり共通の友人と3人で生活していたのですが、ふたりが口論になったときは、もうひとりが場を鎮める役目を担うようになった。『3人目がいる』というのはに大きかったですね」

Aさんの1回目のルームシェアが失敗した原因は、共同生活のルールが明確ではなかったことが原因として挙げられる。しかし、「ルールが多すぎるとかえって気苦労が多くなる」と語るのは、ルームシェア歴15年のSさん（30代男性・自由業）だ。Sさんはこれまでに3箇所でルームシェアを経験し、これまで20人以上の人々と異なるルールで共同生活を送ってきた。

「家賃の納期や共同で使用する消耗品のお金など、最低限のルールだけ決めておけば、あとは自由にした方が上手くいくことが多いです。意外なようですが『掃除の当番制』はない方がいい。当番の日に事情があって掃除できないだけで『ルールを破った』みたいな雰囲気になることが多いんですよ。掃除は不定期に気がついた人がやり、朝のゴミ出しも出勤時間が早い人が捨てる。もちろん、家事に一切参加しないのは論外ですが、『自分ばかりやっている』とストレスを溜め込むような人は、そもそもルームシェアに向いていないと思います」

Sさんの経験として、ルームシェアで大切なポイントは『お金関連の決め事』と『退去時のルール』の2点だという。お金の揉め事を避けるのは当然として、意外と困るのが誰かが部屋を退去したときだ。「代わりの人を探すため、退去の3ヵ月前には報告すること。守れなかった際は入居時に預かった家賃1ヵ月分の保証金は返金しない」などのルールを決めておかないと、残ったシェアメイトたちが、抜けた人の分の家賃を負担する期間が発生しかねないそうだ。

「途中からルームシェアに参加する人は、事前にルールを確認することができるので自分に合っているかを判断しやすいと思います。可能ならば避けた方がいいのは、何と言っても『男女ともにOK』のところ。何かとカップルになることが多く、それは構わないんですが別れたときが面倒。必ず片方が退去するので、その度に代わりの人を探すのも大変ですからね。また、『友人を部屋に呼んでいいか』に関するルールもあった方がいい。ルールがないと、頻繁に知らない人がリビングにいたりして居心地が悪くなることもあります。理想的なのは『基本的に

さまざまな入居型式

	ルームシェア	ゲストハウス	ウィークリーマンション マンスリーマンション
期間	中～長期	短期 or 長期	短期
家賃	割安	割安	割高
特徴	マンションや戸建住宅の賃貸物件を複数の人で借りる。契約者は代表ひとり。家賃は代表者が入居メンバーから集金して管理会社に支払う。集合住宅の場合は「ルームシェア」、戸建住宅の場合は「シェアハウス」と呼ばれる。	建物1棟に複数の人が暮らす。契約は入居者が個別に行い、家賃も個別に管理会社に支払う。長期向けの物件が多い一方、海外旅行者など短期滞在用に利用されることもある。当初からゲストハウス目的で建てられる物件が多い。	週・月など期間限定の入居契約。契約は「一時賃貸借契約」か「宿泊契約」となる。テレビやベッドなど、最低限の家具・家電が揃っている。出張や旅行、受験シーズンなど、入居する人の目的が限られるケースが多い。
メリット・デメリット	ひとり暮らし向けの物件に住むよりも、家賃が割安になることが多い。また、途中入居ならば敷金などの初期費用は不要。一方、共同生活によるプライバシーの問題や人間関係のトラブルが起こる可能性もある。	テレビやネット環境など、生活に必要な設備が用意されているため、ルームシェアよりも初期費用が少ない。ルームシェアと同様の問題が起こりやすいほか、海外旅行者との間では文化の違いによるトラブルも発生しやすい。	一般的な賃貸契約に比べると家賃は割高だが、ホテルよりも安いため、旅行者が利用することも。入居審査が甘いために、誰でも簡単に入居できるほか、水道や電気などの申し込みの手間も掛からない。

友人を呼ぶのはNGだが、やむを得ず呼ぶ際は事前に説明して許可を得る』といったルールがあるところです。ほかにも、人によっては喫煙者の有無や、勤務時間による夜型生活者の有無なども確認しておいた方がいいでしょう。一方、シェアメイトを募集する立場としては、ルームシェアの経験者が望ましいです。やはり常識と距離感をわきまえている人が多いですからね。逆に『賑やかで楽しいシェア生活に憧れている』というルームシェア初心者は、最低限の常識を守れないタイプが多い印象を受けます」

経済面のメリットはたしかに魅力的だ。しかし、ややもすると精神的なデメリットを被る可能性も高いのが、ルームシェアの特徴なのだ。

あとがき

　本書ではさまざまな事故物件と、それを隠蔽する不動産業者のやり口、そして、事故物件を自分で見極められるようになるための物件選びのポイントを紹介した。一部センセーショナルな表現を使ったところもあるが、それも分かりやすさと注意喚起のためと、ご理解を願いたい。

〝いかに事故物件を掴まないか〟——これこそが本書のテーマではあるが、もちろん世の中には、事故物件と分かっていても気にせず住んでいる人はいるし、家賃や価格が安いからという理由であえて事故物件を選ぶという人もいる。そもそも、事故物件を避けようと思っていたとしても、自分にとっての理想の物件などそうそう巡り合わないものだ。

　しかし、それでも私たちは少しでも良い物件に、良い条件で住みたい。たとえ、最終的に選んだ物件が問題を抱えていたとしても、それを受け入れて入居するのと、知らずに入居するのでは大違いだ。今後、物件余りはますます加速し、事故物件の存在もどんどん明らかになっていく。そんな時代にあっても快適な住環境を手に入れるために、本書の情報が少しでも役に立てば幸いである。

【参考文献】

『賃貸生活 A to Z』（アスペクト）秋津智幸著

『家を借りたくなったら』（WAVE 出版）長谷川高著

『コワ〜い不動産の話』（宝島社）宝島編集部編

『コワ〜い不動産の話 2』（宝島社）宝島編集部編

『現役営業マンが明かす 不動産屋のぶっちゃけ話』（彩図社）関田タカシ著

『犯罪は予測できる』（新潮社）小宮信夫著

『コワ〜い高層マンションの話』（宝島社）逢坂文夫著

『今がわかる時代がわかる 日本地図 2014 年版』（成美堂出版）

『なるほど知図帳 日本 2014』（昭文社）

【参考サイト】

公益財団法人 不動産流通近代化センター　http://www.kindaika.jp/

全日本不動産協会東京都本部　http://tokyo.zennichi.or.jp/

公益社団法人首都圏不動産公正取引協議会　http://www.sfkoutori.or.jp/

不動産トラブル事例データベース　http://www.retio.jp/

総務省統計局　http://www.stat.go.jp/

国土交通省　http://www.mlit.go.jp/

総務省消防庁　http://www.fdma.go.jp/

警察庁　http://www.npa.go.jp/

警視庁　http://www.keishicho.metro.tokyo.jp/

住まいる防犯 110 番　http://www.npa.go.jp/safetylife/seianki26/top.html

東京都水道局　https://www.waterworks.metro.tokyo.jp/

プロパンガス料金消費者協会　http://www.propane-npo.com/

自殺対策支援センター ライフリンク　http://www.lifelink.or.jp/hp/top.html

賃貸博士　http://www.chintai-hakase.com/

HOME'S　http://www.homes.co.jp/

at home　http://www.athome.co.jp/

UR 都市機構　http://www.ur-net.go.jp/

協力／大島てる
マンガ／山本ユウカ
装丁・デザイン／加藤美保子
取材・執筆／松本晋平
校正／東京出版サービスセンター
編集／広島順二（主婦の友インフォス）

※本書に掲載した内容は、「大島てる」への取材のほか、さまざまな資料や証言をまとめたもので、「大島てる」の公式見解ではありません。

事故物件《じこぶっけん》サイト・大島《おおしま》てるの
絶対《ぜったい》に借《か》りてはいけない物件《ぶっけん》

平成27年 2 月28日　第1刷発行
平成31年 2 月28日　第5刷発行

編　者　主婦の友インフォス
発行者　安藤隆啓
発行所　株式会社　主婦の友インフォス
〒101-0052
東京都千代田区神田小川町3-3
☎03-3294-3616（編集）
発売所　株式会社　主婦の友社
〒101-8911
東京都千代田区神田駿河台2-9
☎03-5280-7551（販売）
印刷所　大日本印刷株式会社

■乱丁本、落丁本はおとりかえいたします。お買い求めの書店か、主婦の友社販売部（☎03-5280-7551）にご連絡ください。
■本書の内容に関するお問い合わせは、主婦の友インフォス・担当／広島（☎03-3294-3616）まで。
■主婦の友インフォスが発行する書籍・ムックのご注文は、お近くの書店か主婦の友社コールセンター（☎0120-916-892）まで。
*お問い合わせ受付時間　月～金（祝日を除く）　9：30 ～ 17：30
■主婦の友インフォスのホームページ　http://www.st-infos.co.jp/
■主婦の友社ホームページ　http://www.shufunotomo.co.jp/

ISBN978-4-07-291948-4